煩惱
是我的老師

十七則小故事讓你學會放下的技巧

趙文竹 著

代序

PREFACE

這個世間的人，生來總是想要生一點事，造一點業的，大家都想用生事造業的方式來證明自己的存在。為了強調生事造業的合理性，人們發明瞭一個詞，叫做「事業」。一個人想折騰點什麼，只要打著「事業」的幌子，就可以心安理得，堂而皇之了。那些想搞點大動作弄出點大聲響的人，往往愛把自己的所謂事業的前面再加上個形容詞，叫做「偉大」，這樣一來，這個世間就有了一個叫做「偉大的事業」的東西了。而一個「事業」一旦「偉大」起來，那就是「高尚的」了。

就這樣，一切的折騰，一切的造作，一切的生事造業就天經地義，順理成章了，反而那些不想折騰、不想造作、不想生事造業的人們顯得不太合理不太正常了。因此，一個人來到人間，從你剛剛開始能夠說出幾個完整的句子的時候，大人們就要向你灌輸事業的意識，大人們要問你，你長大要幹什麼呀？你若說你不想幹什麼，大人們就急了：「這孩子沒有抱負呀，這孩子不正常呀！」

於是他們要循循地引導你：「你總要幹點什麼呀！你到底想幹什麼呀？」你看到大人都種田，你便說，我長大要種田，大人們就皺起眉頭直搖頭：「太沒出息了，你怎麼能種田呢？我們是做不成大事沒有辦法才種田的呀！」你看到村裡的木匠挺受尊重，你便說長大想當木匠，大人們還是苦笑：「那也不行。」當你順著大人們的心思試著說出當老師、當教授、當科學家、當大官時，大人們的眉頭就開始舒展開來了，直到你說出你想當皇帝、當總統、當國家主席、當聯合國秘書長改變世界時，大人們就眉開眼笑自豪不已了，他們希望你將來是個偉人，成就很大的事業。

能成就偉大事業的人就算是偉人了。人們都想成為偉人。什麼是偉大事業呢？在人們看來，那就是能最大程度地改變外在世界的事業，如果你若能把長城表面貼上瓷磚，給黃河兩岸修上欄杆，那就算是偉大事業了。如果你能把整個地球鋪滿大理石板，那就更偉大一些了，如果你能想出個辦法給太陽按上個開關，能根據自己的意願讓白天變成黑夜，把黑夜變成白天，再安上溫度調節器讓夏天不熱，讓冬天不冷，那就更偉大了。

只是這樣以來，這世界上的生靈們就要無條件地服從你，任你擺佈了。你聽了這話不要覺得不舒服，事實上，古往今來的偉人們都在幹這個。歷史上每一個「偉大的進步」，都是要以犧牲很多很多生靈的自由甚至生命為代價的。可以說，早在數百萬年前，當這個地球上有那麼幾隻猴子試著兩條腿站起來走路時，這個世界就開始不安了。

還好，這個世界在誕生大量凡人和偉人的同時，還隔三岔五誕生一兩個聖人。聖人超知超覺，有敏銳的洞察力，他們善於反思，能夠發現自我乃至人類的種種過患，能夠認識世界的本質，生命的真相。聖人們把這種世界的本質和生命的真相告訴世人，使有幸聽到這種教化的人們安閒下來，於是這個世界便安寧祥和了許多。那些得到實惠的人們便因此由衷地讚歎聖人，甚至不遺餘力地追捧聖人，稱他們為救世主，對聖人們頂禮膜拜，於是，聖人頭上被罩上種種光環。聖人們的光環會使許多人產生羨慕，於是便有許多人仿效聖人的口吻說話，把自己也裝扮成聖人，甚至自封為救世主，招搖惑眾。這種偽聖人往往很有市場，因為這個世界的凡夫們是十分崇拜偶像的。大家的心不會自主，都想在外面找一個依靠，找一個心靈導師。

真正的聖人其實極為稀有，不可能太多，即使真的有很多聖人，也不會成災，那是因為聖人的心念是相通的，聖人沒有自我，因此便不會對

立，更不會打仗。會對立，常打仗的都不是真聖人。儘管有些人很能講，很有影響力，也有一些神通，但他們畢竟還不是聖人。除了偽聖人，這世上還有一種准聖人。准聖人很自負，他們真的自以為是聖人了，這種准聖人很執著，很固執，他們熱衷於用自己的思想去取代和統一世人的思想。凡是不肯接受和抵制他們的思想的人都被他們視為邪惡的魔鬼，必欲除之而後快。有時候思想理論的影響力不夠，他們不惜動用武力征服對方，然後再向對方強行布教。這樣的「聖人」各國各民族都有，他們都想征服對方，因此這世界上便常常發生一些諸如真主和上帝打仗的矛盾衝突，使世界無端增加許多恐怖和動盪。這種准聖人的動機未必不好，只是他們的見地不透徹，修行還不到火候，因此他們還免不了刻意和造作，在辦好事的同時又弄出很多麻煩。

所有的刻意和造作到頭來都是製造混亂和災難，所謂好事和壞事的區別只在於一種是在造福的假像後面隱藏著禍端，而另一種是直接製造禍端而已。因此真正有大智大慧的聖人都是對所謂事業不感興趣的人，都是遠離刻意和造作的天真爛漫的真人。真正的聖人都是無事人。何以見得？在此不妨列舉幾位我們熟悉的聖人，看看他們是否是這個樣子。

目錄
CONTENTS

老子沒有事

老子是公認的聖人，得道的聖人，因為得道的道字最初便是從老子的嘴裡講出來的，可見他是真正的道祖。可老子為什麼要講道，他在什麼情況下講了道，咱這裡不妨道一道。

沒聽說老子一生搞過什麼轟轟烈烈的事業，老子只是愛讀書，他在周朝當過管理圖書的官，這個官不管人，只管書，大概相當於現在的國家圖書館館長之類。老子不光有學問，而且特別有智慧。

光有學問是讀不懂書的，懂也是假懂。老子真把他管理的那些先人書籍讀懂了，同時他也把他周圍的人讀懂了，甚至把這個世界也讀懂了，在他看來，整個人類歷史整個人類社會，只有兩個字——折騰。老子看破了世間相，除了管好他的書，履行他的責任，其他沒有做過什麼事，甚至連著書立說也不為。

老子老了，很老很老了。據說一百六十多歲了，當然這是後人說的，他自己未必算得清。老子對歲月一點也不上心，他若對此很上心，他就活不到那個年齡。歲月在老子眼裡只是草青草黃寒暖往來而已。老子也沒有養生保健這一套，他只是恬淡地活著，和天地萬物一起呼吸。

那些想盡方法欲求益壽延年的人們都死了，因為他們妄想太多，欲求太多，活得焦慮，因此很難長壽。老子把自己忘了，把身體忘了，把歲月忘了，把生死也忘了，他常常經年累月地忘記吃飯和睡覺，他恍兮惚兮常常以為自己是一縷風或一片雲，任運悠遊於天地之間。由於老子沒有絲毫的妄想和執著，因此他的每一個細胞，每一根經絡都是放鬆的，整個身體像嬰兒一樣柔軟，每一個毛孔都能暢通無阻地吸納天地精氣，他的口鼻呼吸器官幾乎休息。對了，就是休息。我們俗人念頭粗濁，耗能很重，身體毛孔也堵塞。需要大口大口地喘氣，心也累，肺也累，因而命短。老子這種聖人心態平穩，念頭很淡，清淨自如，呼吸是極其輕微的，那叫息，如果一個人真達到天人合一，不起心不動念，那他的息也沒有了，那就叫休息。有人要問啦，連息都休了，那不就死了嗎？

不是這樣的，我們全身的毛孔都是可以和大自然交換能量的，我們凡夫之所以證不到這一點，是我們太執著這個身體，弄得肌肉緊張，汗毛孔功能退化了。

閒話少敘。一百六十多歲的老子隨緣而行，這天來到函谷關，他要過關西行，要出國界了。有人說老子要離開人間升天了，其實他在哪裡都可以脫殼飛升，用不著走那麼遠。也有人說老子西去流沙不知所終。甚至有部《老子化胡經》則有鼻子有眼地說老子去印度轉世投胎變成了釋迦牟尼，要度化印度人。其實老子沒那麼複雜，沒那麼多目的性，他只是隨緣任運西行而已。這種說法是後人臆造出來的，因為印度出了個釋迦牟尼

佛，影響比老子還大，有人就有點不太平衡，那麼一個大聖人怎麼會出在外國呢？那一定是我們中國的聖人過去投胎變化的。這種民族主義情結可以理解，但畢竟顯得有點狹隘。聖人是屬於全人類的。聖人無國界，出生在任何一個方位和國度都一樣，也都有可能，拜外國的聖人就覺得沒面子，那還是凡夫之見。

話說老子騎一頭青牛，顫顫悠悠向函谷關而來，隔著幾十公里就被函谷關的尹喜發現了，尹喜是鎮守函谷關的最高長官——關令，因此後人也稱他為關尹子。這關尹子有很深的道根，也有一些被如今人稱之為特異功能的特殊感知能力，一大早天濛濛亮他站在關上向東眺望，見有一道沖天的紫氣向這邊飄移過來，他就知道今天非同往常，有大聖人過關，這就是紫氣東來這個成語的緣起。於是這尹喜就讓守關兵卒們灑掃關口，整齊衣冠，恭候聖人光臨。說話間老子來到關口，但見兩排兵將列隊旁立，迎面那尹喜盛裝相迎，對老子行起了三拜九叩大禮。這老子一看，奇了，我這裡正怕關兵刁難索賄，怎麼這官員模樣的人卻向我老頭子行起大禮來了呢？使不得，使不得！

那尹喜說：「您老人家是聖人哪！」

老子說：「我啥時成聖人了呢？」

尹喜說：「錯不了，您老就是大聖賢。」

老子就笑：「那好，你說我是剩閒我就是剩閒，滿世界的人都在奔忙，就剩下我這麼個閒人了，你搞得這麼隆重，我一個老頭子能為你做什麼？」

尹喜說：「我等愚昧，生不知哪來，死不知哪去，天為什麼不見頂，地為什麼不見底，世界憑什麼安立，生命依什麼轉換，這一切的背後，到

底有個什麼在支撐在主宰？望您老發發慈悲為我等道一道。」

老子說：「你小老弟問得還挺玄，什麼支撐？什麼主宰？道個什麼道？你們給我讓個道，我就過去了。」

尹喜說：「那不行，您老不給我們道，我們就不讓道，今天無論如何也要請您道，當然能留下墨寶更是求之不得。」這也是一個大因緣，老子觀察這尹喜的確不同俗輩凡胎，是個弘法利生的好材料，於是就答應在此小住幾日，老子說：「這個『什麼』實在恍兮惚兮，非有非無，不可名狀，你們非要叫我道，我從哪裡開口道呢？這個道若可以道，就不是道了，給它個名字就不是它了，不可名不可道，你非要叫我給個名，叫我道，那好，咱就假名之為道吧。」

就這樣，這世上就有了個「道」的提法，用這個「道」字來指代那個生天生地運星河轉太極的宇宙本體。一個「道」字，從此把世人弄了個滿頭霧水，多少人南跑北奔，岩邊泉下地尋找這個「道」，想得到這個「道」有些人想「道」都想瘋了，其實人家老子真沒有那麼多事，實在是讓尹喜逼急了，才勉為其難地道出這麼一個道來，其實真是不可道不可名，一開口就多了個東西，讓世人生大執著。沒辦法，這世界上的人太複雜了，妄想紛飛，分別執著，其實你只要停止顛倒妄想分別執著，連那個什麼「道」也扔到九霄雲外，只是饑時食困時眠，做一個老老實實、渾渾噩噩的本分人，你就得道了。

其實，得道真的很簡單，如今的道人真麻煩，左一個法，又一個功，在玄之又玄上再加個更玄，都是自尋煩惱。道不是折騰出來的，你如果真把老子道德經頭幾句話聽懂了，你就不折騰了，也不分別執著了，那你就得道了。真的很簡單。

各位聽到這裡又要問啦，如果真的這麼簡單，老子道德經就到此為止了，就沒有後邊那四千多個字了。請莫起分別，你可以好好體會一下老子的道德經，那後邊說了半天，和沒說差不多，讀盡道德經，找不到一個實在的字。引經據典很累也太費腦子，咱還是說故事，這樣輕鬆易懂。其實道德經都是老子對尹喜的各種問題的解答，過去用竹簡編書，字數要一簡再簡，若像我這樣囉囉嗦嗦，那一部道德經十大車也拉不完。

尹喜當年都問了些什麼問題呢？在這裡聊舉幾例，聽聽老子的答覆，就知道老子真的沒有事了。

尹喜問老子：「我等愚昧呀！怎麼才能使我們的智慧增長呢？」

老子說：「大智若愚，你若肯守愚，你就會有大智慧啦。世間人為什麼總是吃虧，就是太狡詐，太聰明啦，機關算盡，反誤了性命，歷代知識份子為什麼總是歷盡坎坷，就是讓知識害的，你若少些妄想分別，你的心就清明了，你的本來智慧就現前了。」

尹喜問老子：「怎麼能把大自然改造地更美好，更合理呢？」

老子說：「你覺得大自然不美好麼？不合理麼？天有大美而不言，天地的大美是絕倫的，任何人為的雕琢都是多事鬼的瞎折騰，任何的包裝和粉飾都只會傷害自然，如果有一天河水臭了，天空灰了，生態失衡了，那肯定是那些自以為聰明的所謂偉大的好心人們幹的。」

尹喜問：「怎麼能增強我們的言論辯才呢？」

老子說：「世智辨聰，有害無益，大辨若訥。學會沉默，勝過一切理論，因為一切理論言說都是對真實的歪曲。」

尹喜問：「怎麼才能把自然界那些珍貴的寶物開發出來為人類使用呢？」

老子說：「萬物平等，各有其用，人為地去強調什麼珍貴只會引發人們的貪戀佔有之心，即便稀有之物也莫以為貴，以免盜賊產生。」

尹喜問：「您能教給我們趨吉避凶、遠禍招福的法術嗎？」

老子說：「福禍相倚，福是禍根，禍是福根，有福必有禍，有禍必有福，從這個意義上講，福就是禍，禍就是福，吉凶的關係也是如此，趨什麼吉？避什麼凶？遠什麼禍？招什麼福？都是顛倒妄想，你能只要手心不要手背麼？」

尹喜問：「怎麼才能祛病健身，長命千百歲呢？」

老子說：「我們有大患，就在於有這個身體，我們若沒有這個身體，哪裡又會有病呢？你執著於這個身體幹什麼？這個身體本身就是個病呀，我們長生久視的那個真命不是這個身體呀！」

尹喜還問了老子許多問題，老子都一一解答，但每一個解答都和沒說一個樣，因為老子總是告訴尹喜這些所謂的問題其實根本就不成其為問題。尹喜聽了，當下心開意解，得大自在，不由得讚歎道：「太殊勝了，太稀有了，您老人家真是大大的聖賢呀，我一定要把您老人家的道法弘揚到讓每一個眾生都知道。」

老子說：「說了半天，你硬是沒聽懂，我分明說天地間沒有個什麼可以執著，你卻又得了個道法，我什麼時候說過什麼道法來著？什麼聖賢，再強調一遍，我老頭子就是一個剩閒，滿世界人都在忙，都在爭，就是剩下我一個糟老頭子是個閒人。你再去過多地強調什麼聖賢之學，還是會讓世人徒增束縛困擾，不尚賢，則民心樸厚不亂。把那些是、非、聖、凡、得、失，這些亂七八糟的東西放下，休息吧！」

你看老子多簡單，多平實，哪有那些神神道道，高深莫測的。尹喜好心，還是把老子的話語傳下來了。一部道德經，乾乾淨淨，俐俐落落，可後來的人聽不懂老子的話，硬是把老子的話解釋得雲山霧罩，又弄出些五花八門的奇怪法術，什麼趨吉避凶、推步盈虛、占卦算命、符篆咒術、三花五遁，都說是從老子那裡學來的，那些山精水怪、江湖大仙們也都自稱為老子的學生，老子又能說什麼呢？

莊子也沒有事

老子沒有事，莊子有事嗎？莊子也沒有事。莊子甚至連圖書館館長的事也沒有幹過。他明明是個能力出眾、才華超群的人物，卻不屑於做任何事業，夫妻二人到山裡躲起來了，一躲就是一輩子。

這個世界的人都在折騰，大人大折騰，小人小折騰，有本事的人主動地折騰，沒本事的不想折騰，可是由於生活所迫，還是要折騰，直到累死，這是一種被動地折騰，或者叫掙扎更準確一些。如果一個有本事的人不折騰，一個沒本事的人不掙扎，在世人眼裡他絕對是一個不正常的人。莊子有大本事，能幹成大事，可他不折騰，人們當然就看他不正常，於是就有些人來勸他出去做一番大事業。

有人勸莊子：「人生不能太消極，應該拼搏，應該進取，生命可貴，怎麼可以辜負生命呢？」莊子說：「正是由於生命可貴，才需要靜靜地品味體會生命的真味呀，怎麼叫積極？怎麼叫消極？隱退正是更深層的進

取，更高層次的積極。」

有人勸莊子，人們如果都像你這樣不思進取，怎麼能推動歷史前進呢？

莊子笑：「誰需要你推動？地球需要你推著轉嗎？你能夠推著太陽快跑嗎還是你能拽住太陽不動？你能讓春草不生嗎？你能讓秋葉不落嗎？」

有人勸莊子：「大家都這樣，你不能太另類了，要面對現實呀！」

莊子說：「你把什麼當做現實？昨晚我做了一個夢，夢中我是一隻蝴蝶，在空中飛來飛去，好不自在。那麼到底我是莊子，昨晚變成了蝴蝶，還是我本來是蝴蝶，今天變成了莊子呢？到底昨晚是夢還是眼下是夢呢？你搞得清楚嗎？」

有人勸莊子：「即使你不想做大事業，起碼應該努力把自己的生活弄得好一些吧？你的房子太差了，衣服質料也不好，吃的粗茶淡飯也缺營養。」

莊子說：「我的房子是擋不住風，也有點漏水，可這樣我可以更近的接觸到天地自然，保持自我和大自然生命律動的共鳴，你們那恒溫的房子卻只會把你和自然隔離開來，使你越來越脫離自然，從而使你的生命越來越脆弱、越來越孤立；

我的衣服粗麻細草卻都是純天然，既環保又有益健康，你們弄些莫名其妙的毛皮披在身上，既傷害生命又折損自己的福報，人還活著，表皮都動物化了，只差轉生當牛做馬了；我吃的粗茶淡飯都是自產於此方水土，內在成分正好與我身體構成的各種元素比例相應，有利養生，你們從外地外國買來些五花八門的食物，既耗錢財，又打破了體內的生態平衡，會吃出毛病來的。」

有人勸莊子：「你住在山裡，醫療條件也不好，有個大病小災怎麼是

好？」莊子說：「我不住那些燈紅酒綠的喧鬧地區，就不會得那些奇奇怪怪的毛病，沒聽說住在醫院周圍的人都長壽的。」

又有人勸莊子：「這畢竟不是長久之計，好歹你應該積點錢財為兒孫作打算呀！」

莊子說：「兒孫自有兒孫福，我給他積錢財只會折損他們的福報，我可不想把兒孫供養成懶漢、癡呆、消財蟲。」

有人勸道：「即使你不為兒孫打算，起碼也要為自己的晚年做打算呀，死後棺材總該備一口吧？」

莊子說：「人生天地間，一切現成，天地就是一個大棺槨，天是棺槨蓋，地是棺槨底，還需要另外備什麼棺槨呢？」

那人又說：「可是這樣你的身體就會被狼蟲鷹鷲吃了呀！」

莊子說：「埋在地下又如何，被蟲蟻吃了還不是一樣嗎？」

有人說：「一個人總要成就點什麼，總要對世人有點用處吧？」

莊子說：「無用就是有用呀，你看那棵參天大樹，幾千年了，多麼壯觀！這種木材做器具不夠緻密又容易變形，當柴燒又不起火苗，正因為它沒有用，才免遭刀斧倖存下來，成為這山上的一景呀！」

有人問莊子：「你修氣煉功吧？」

莊子笑：「修什麼氣？我每天都喘氣。煉什麼功？吃喝拉撒都是功。」

那人說：「我是指修煉氣功法術。」

莊子又笑：「神人無功，凡夫俗子才熱衷於當超人求功能。真人之息以踵，真人是最天真本然的人，這種人嗜欲淺，道根深，沒有妄想，其氣也清，其息也深。俗人呼吸在喉在肺，真人由於心態放鬆，奇經八脈通暢，他的呼吸可由口鼻直達腳跟，那些氣功大師們未必做得到。」

人們真的被莊子折服了，還是人家莊子活得逍遙，活得超脫，比比人家莊子，咱們真是些可憐人，如果世人都像莊子一樣活著，那不就是天清地寧、河清海晏的理想世界嗎？於是大家勸請莊子出山弘法，辦學，開講堂。大家堅信，像莊子這樣的大哲立教弘道，將來必定成為一代大祖師的。

莊子笑得鼻涕都流出來了：「你們還是變著法子煽動我出去自尋煩惱呀！我老老實實地在山裡呆著，好歹還像個有道的樣子，你們上門來我給你們說話已經是勉為其難了，我再出去辦什麼班，講什麼學，這不又出來個多事佬嗎？道是要守要行的，大家都出去忽悠，沒有一個人真正地靜下來體道、行道、悟道、證道，那些理論還有什麼用呢？開什麼宗，立什麼教？你們覺得這天下還不夠亂嗎？再說，當什麼祖師，這是自己該想的嗎？」

莊子也不立教，不立宗，沒想當祖師，但最終還是被後人奉為了祖師，還是大祖師。

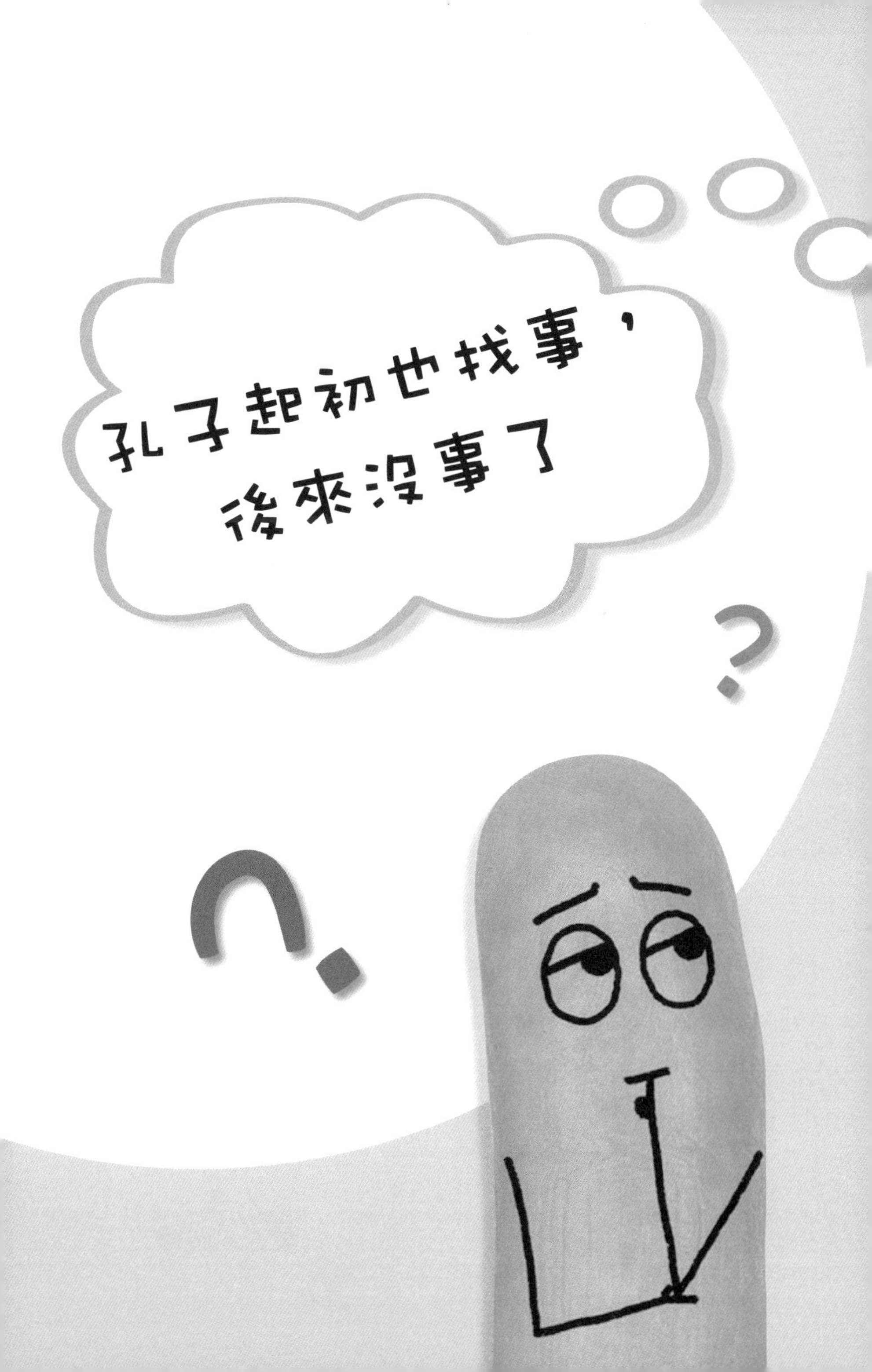
孔子起初也找事，
後來沒事了

孔子也是聖人，孔子找不找事呢？還別說，孔子起初還真找事，他周遊列國幹什麼，遊說呀，這就是找事。孔子說他四十而不惑，其實嚴格說來，他那時還不能算真正的不惑，還有點惑，他自己以為真明白了，真不惑了，所以他才四處遊說，希望各國都推行他的學說，那時他還十分執著。

孔子的遊說很艱難，主要是由於他太刻意，太執著，那時他悟的是世間的法，世間的道，說到底還只是治理天下的方法而已，還在意識分別的層面。孔子的學問是人間修齊治平的學問，他講的性是人性，他講的道是人道，因此，孔子的學問後來很受統治者歡迎，老百姓也喜歡，因為好懂，又有可操作性。說到底，孔子是依照周朝的禮，重新修訂了一套遊戲規則，來平衡各種人際關係和社會矛盾，建立和諧社會，很實用。孔子自己也認為他的學說很實用，所以他才拼命地想說服各國採納他的主張。

孔子生活在春秋時代，那個時代挺亂的，諸侯割據，群雄爭霸，朝綱錯亂，禮樂崩壞。孔子很著急，就帶上幾個學生，套上馬車，到各國去遊說，想用他的中庸理論拯救社會危機，他的發心是很好的，只是火候掌握的還不夠，太著急太刻意，欲速則不達。其實這個世界本來就是無常的，事物是輪回的，時代的更替就像春夏秋冬的循環往復一樣正常，任何一個朝代，都必然會經歷一個從建立到興旺再到衰落腐敗以至滅亡的過程。大周朝由於推行聖治，以道德立國，因而國運長達八百多年，這在歷史上已經是奇跡了，儘管如此，它還是會衰落，會腐敗，只是延遲一些年頭而已。

這一點孔子還沒有清醒的認識，他希望一個完美的國度永遠完美，永遠年輕，永遠沒有災難，長生不老，這其實是一個妄想，一個美好的妄想。人類美好的妄想有一個專用辭彙，那就是理想。孔子是個理想主義者。古往今來的理想主義者們都有一個可愛的特點，那就是積極、精進、有奉獻精神，但他們又有一個共同的可悲的特點，那就是活得累，常遭遇坎坷逆境，有時候免不了失落、憂慮甚至煩惱，正因為他們理想化，所以他們看這個外在的社會有太多的不如意，有太多的問題需要解決和改造，於是他們就會和社會產生一些衝突，孔子也莫能例外。

嚴格來說，孔子在周遊列國的時候還不能算聖人，應該算個賢人，一個大大的好人。好人一般都不順利，但最終結果會好。孔子畢竟有大來歷，有大智慧，他後來看破了，解脫了，成了聖人，六十而耳順，心態真正平和，是非心去了，聽到什麼消息什麼論調都如清風過耳不起分別了，那時就有點聖人的感覺了，到了七十歲後，他就從心所欲而不逾距，因為這時候的孔子已經沒有自己的心，沒有自己的欲，因而就不可能逾越各種外在的規矩了，他和萬法已經融為一體，這才是聖人的境界。當然這是後

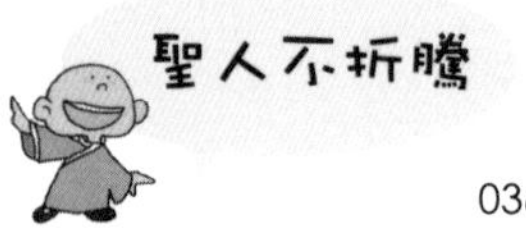

話。

話說孔子帶著子路子貢等一行數人，坐著馬車風塵僕僕顛簸於各國之間，好在那時的國家都不大，有些小國甚至還沒有如今的縣城大，儘管如此，孔子一行還是很辛苦的，有時候還少不了風餐露宿。一路上，人們對他們都很不理解，他們逐個國家去敲門，人家守將盤問，你們來幹什麼的？子路就湊過去說，我們老師要給你們國君上課，教你們一些治國的方法。守將說，你好大口氣，和我們國君預約了嗎？有邀請函嗎？沒有？沒有廢什麼話，一邊去！這當然是不太禮貌的。也有的國家比較客氣，聽說有個聖人來傳經送寶，就趕緊招呼茶飯，然後稟報國君說有個人想教您兩招治國的國策，國君笑笑，我是國君難道不會治國？你告訴他們我公務繁忙，請他們留下名片、手機號碼，日後有閒暇時我自會登門請教，人家大老遠來不容易，贈他們點盤纏送人家上路，別耽誤人家到別國辦班講學掙銀子。就這樣，孔子一行疲勞奔波了許多國家，硬是沒有一個國家採納他的學說，有些國君甚至連聽聽他講話的耐心都沒有。孔子就這一點不大明白，傳法是要講緣分的，法寶是要迎請的，硬送上門推銷的法寶人家不會尊重。對方沒有恭敬心、至誠心，你就是有再好的法也幫不了他。就這樣，孔子到處碰壁，有時甚至到了斷糧露宿街頭的地步。史料上有一段記載很能說明孔子當時的窘境，有個學生打聽孔子行蹤，有個老者說我看見了，是不是就是那個淒淒惶惶如喪家之犬，還老惦記著教人治國大計的人呢？這話說得很難聽，很刺激人，我們現在讀來都很為孔聖人感到悲涼，在這個世界上，做壞事很容易也很正常，你若要想做好事，反倒很少有人理解你，人們往往會懷疑你的動機。好在孔子很有涵養，忍辱功夫一流，不和小人計較。

世俗小人不理解孔子，這在情理之中，有些世外高人也對孔子不以為然。據莊子講，孔子曾問禮於老子，老子對孔子的道和禮頗有批評之詞，說得孔子心服口服，就當時孔子的水準竟然不能完全理解老子，以至於別人問起孔子對老子的看法時，孔子說，你聽說過龍嗎？見首不見尾，神妙莫測，老子就像龍一樣不可揣度。當然這是莊子說的，是否真有這段史實不得而知。

聽莊子的話要會聽，他的故事許多事是編造的，但其中彰顯的道理是很深刻的。莊子的文章可謂得意忘形，基本都屬於寓言一類，你若想去考證他那北冥的魚變成翅膀九萬里的大鵬，你哪裡找去？但不管事實如何，這起碼表明了莊子對孔子的看法。在莊子看來，孔子是個好人，但是不見道，太執著，有些多事。持這種看法的人，在孔子的當時，還有幾位隱士，這在《論語》中有零星記載，孔子對這些人很敬重。孔子也哀歎世風日下，人心不可救，他也自我解嘲，說這叫明知不可為而為之，叫聽天命盡人事，成不成沒關係，反正咱盡到心了，無怨無悔。

從這個角度講，孔子是有些執著，有些刻意，甚至有點忽悠折騰的意味，但這也正是孔子的可愛和可敬之處。幸好孔子最終放棄了這種執著，否則如果孔子一意孤行，用如今一些「大師」、「教主」們的辦法強行推行自己的學說，那事情就會走向反面，最終不僅不能促進社會和諧，反而會培養出一些極端分子，給社會添亂。

說孔子周遊列國完全碰壁也不準確，他也曾被一定程度地賞識過。在魯國，他就謀到了一個官位——大司寇，從而開始展示他的政治抱負。就孔子的人格和志向來講，他的官當得一定盡職盡責，也廉潔奉公，可是當了不久他就主動辭職了，他大概發現自己的理想和現實之間還存在很大的距離，發現用行政手段規範人們的行為並不能真正挽救人心和世運，就像

試圖把秋天的落葉重新接到樹上只是天真的幻想，更發現那些口口聲聲要推動歷史前進的大人物都在那裡折騰和忽悠，於是他辭職隱退了，有道是曾經滄海難為水，這回他的心終於歇下來了，不再徒勞地折騰了，他回到了山野，開始返觀內照，每日三省其身，梳理自己的思想。

孔子自己講，他是五十知天命的，知天命有兩層意思，就世間人的理解，那就是知道自己究竟是個幹什麼的了，用一個好聽的詞是知道了自己的歷史使命。就孔子的境界看，他講的肯定不限於這個層面。第二個層面就深了，那是要完成真正生命的超越，證悟到自我和萬法一體不二，我命即是天命，證到天人合一。只有證到天人合一的人才能被稱為聖人，否則充其量是個怪人——加了豎心的聖人。聖人是無心人，聖人以百姓心為心，以萬法萬物為心。這個天人合一的天命，是否真正證到也還大有講究，有究竟位和相似位的區別。

究竟位要證到空性才行，八識都轉了，才能決定無偽地了知萬法皆空、萬法心生、心境不二、天人合一的生命真相。老子還在第七識上打轉，還沒有認識真正的空性，還在恍兮惚兮、其中有物的境界中，如果第八識也打破了，才能證入本來無一物的境界，恍兮惚兮也沒有了。本來無一物的見地，還不算真正的明心見性，這一點要弄清楚，不能混淆，也不能人云亦云。羅漢證到了本來無一物，但只是小乘極果，不算圓滿的覺悟。那麼孔子的悟是在哪個層面呢？他還在第六意識的層面，所以他講教化。

道家講點化，佛家講度化，不一樣的。釋迦牟尼講，一切賢聖皆以無為法而有差別，有差別的，儘管很微細，但畢竟有差別。都說見性，孔子說的是人性，老子說的是神性，羅漢說的是無性，釋迦說的是佛性，不一樣的。有人說啦，不是佛說諸佛聖人乃至眾生此性相同嗎？你怎麼說不同

呢？告訴你吧，儘管聖人和凡夫此性平等，這個平等的佛性只有佛才能證到悟到的，我們凡夫只是學說而已，不同果位的聖賢證悟到的是不同的層面。就我們時下逐名逐利、混吃混喝的芸芸眾生來說，很多人連人性的概念也很模糊的，他們更多的是鬼性甚至獸性，否則人們就不會說「人不為己，天誅地滅」，「人生在世，吃喝二字」了。

聽起來難聽，事實是這樣。孔子是講人性的，因此，三字經才說性相近，沒說性相同。孔子為什麼要講人性，就是由於很多人把人性都忘了。儒家講做人，說教就可以了；道家講升天，光說教就不行了，還要修煉；佛家要出離三界輪回，光靠說教肯定不行，非死心塌地真修實證不可。

孔子是世間的聖人，還不是出世間的聖人。他的法適合在世間應用，對其它五道眾生就管不著了，他也不想管。人問他死後如何，他說不知生焉知死，你就好好做人吧，別問這些事，人做好了，死也死不到壞處去。

於是有人就說孔子大概是個唯物主義者吧，淨瞎猜，孔子不是唯物主義者，也不是唯心主義者，他立足於人間，卻又對天地神明無比地敬畏，他講敬神如神在，不語怪力亂神，並不是否認怪力亂神的現象，在他眼裡，那些怪力（奇怪的特異功能）、亂神（神秘的靈異現象）不值得大驚小怪，更不值得崇拜迷信，因此他置若罔聞，閉口不談，孔子這一點是很高明的，崇拜怪力亂神，必墮落于魔鬼妖狐之道，下一輩子人是做不成了。可孔子主張事死如事生，尤其對先祖亡靈那是畢恭畢敬，不敢有絲毫怠慢欺瞞的，可見孔子不是唯物主義者。

有人要問啦，你老說孔子是世間聖人，只重說教不重修證，不見得吧？你看儒家經典《大學》開宗明義說「大學之道在明明德，在親民，在止於至善，知止而後有定，定而後能靜，靜而後能安，安而後能慮，慮而後有得」，這不是強調修證是什麼？和佛法打坐修行有什麼區別？別著

急，聽我慢慢說。和前邊說的性和性有區別一個道理，這個止，止到什麼程度；這個定，定到什麼層面；這個靜，靜到什麼境界；這個安，安到什麼狀態；這個慮，慮到什麼深度；這個得，得到什麼果位，這裡有差別的。

為什麼孔子的說法和佛教的說法很相似呢？這不奇怪，佛法是後來翻譯過來的，有些詞彙借用了儒家的詞彙，意思相近但還是不一樣。佛法是出世法，更徹底，就說這打坐修定吧，佛家的禪定境界還有兩個字很微妙，一個是尋，一個是伺，這個尋有尋找的意思，是比較淺的定，是一種細緻微妙的觀察和推究，思維活動並沒有完全止息，也可以叫禪那，如理地思維。由這種輕清的思維過渡到更深的定境，這就是伺——呆著，待著，照著，但不起想法，不加任何分別，卻又不是什麼都不知道的無明昏沉，惺惺寂寂，寂寂惺惺。用參話頭來比較，這個尋就相當於參話頭，這個能念的是誰？能觀的是誰？能疼的是誰？還有細微的念頭活動，這個伺則是進入看話頭的層面，看著，照著，明明歷歷卻又不起一念。

孔子的定顯然還是世間定，沒有超越尋的層面，那個定也只是一種初禪輕安的境界，靜慮，靜靜地思慮，細緻地觀察，然後——噢！文明白了一個道理，這就是孔子的得。這是一種專注，世間的大專家，大學者，大哲學家都是用的這個功夫，思辨的功夫。這種思辨功夫是突不破世間限制的，因為它是六根的作用，不離第六意識境界。

孔子弘揚的是世間法。出世間法是永恆不變的，世間法是要隨時流變的，是權宜之教。就拿孔子最重要的孝道來說，在孔子這裡沒有六道輪回和前生後世之說，是他沒有悟到還是故意不說暫且不論，總之孔子是只注重今生的，在他的眼裡，生命的延續是通過子孫的延續來達成的，沒有子孫就意味著命絕了，因此他後來的儒學提出「不孝有三，無後為大」的說

法。這個提法有一個很大的弊病，他生活的那個時代還好辦，反正人口很少，可以多娶房室，多多生育，這個樣子還生不出男孩只能慚愧自己沒有德行了。可如今就很難了，如果還這樣提倡，這個世界人多就成災了。但是，這樣一來很多人好像都沒法達成孝道了，這是很讓人困惑和悲觀的事情。而在這個問題上釋迦牟尼的法就沒有任何弊病，佛說眾生一體不二，在無始的生死輪回中，任何一個生命都曾做過你的父母，也都曾做過你的子孫，於是只要你把一切先生于你的眾生都視作自己的父母，平等恭敬，把一切後生於你的眾生都視作自己的子孫，平等呵護，那這個孝就行的無量無邊了，這個慈也變的無量無邊了，與你自己是否有子孫沒有關係。不管社會怎麼變化，這都不會成為問題。

當然了，自古聖意難解，聖人設教，有權有實，就孔子的行徑言論，若按佛家來劃分，是典型的權教菩薩，隨眾生機，宣方便法。這就像一位導師，面對一大批孩子，他能講相對論嗎？極高明而道中庸，最玄妙而顯平常，這是大聖人的風範。我之所以在這裡膽敢品頭論足，說長道短，也是借此彰顯一些道理，申明一種見地，畢竟這世上還有一些上根利智的人，要捨權究實，超越人生，成佛做祖，有些道理講不清還是不行的。

說孔子的法不徹底不通透沒有絲毫貶義，孔子畢竟太偉大了，太廣博了，他對這個世界的貢獻幾乎無與倫比。以個人證悟的成就來講，孔子比不過一個小乘羅漢，而以目前對這個世界和未來對整個法界的貢獻講，一萬個羅漢也比不上一個孔子，差別就在發心的大小。小乘羅漢執著於個人的解脫，孔子則是全無自我的全體承擔，是典型的大乘菩薩種性。小乘聖人好比一棵竹子，一年就鑽天，而孔子就是一棵目前還不能和竹子比高的柏樹，他們不在一個量級上，如果那柏樹長到和竹子一般高，那竹子哪裡擺？再打一個比方，小乘聖人像一隻快艇，很快就到達彼岸，而孔子就是

一艘航空母艦，有超大的容積又有超強的動力，雖然他暫時還不能把人們度到彼岸，但他發心正，願力大，尤其他還具有「三人行必有我師」的不恥下問的優秀品質，那他的這艘航空母艦決定不會停止，不會沉沒，即使有點誤區和偏差，也必會不斷地得到調整，一旦他到達彼岸，那就是一個集團軍的成就。

為什麼印度的佛教祖師說震旦有大氣象（過去震旦指中國），大乘佛法會在中國大興，就是由於中國有孔子呀！為什麼我國古代許多大儒一旦真正理解了佛法的殊勝，出家修行很快就有大成就，成為一代祖師，就是由於種性好，胸懷大呀！再回過頭來講。那孔子辭官進山了，心歇下來了，大概很快就得道了，究竟不究竟暫不論，開悟有很多層次。

人的種性不同，因緣不同，得道的途徑和方式也不同，有的人對修行得道很在意，也很愛好，很執著，這種人很重形式，修禪修定修功修法，種種造作以求得道開悟，由於他們有所得之心，往往求之不得，費很大的勁，經很多的年頭，終於功夫成片，偶爾觸著碰著，打破漆桶，得個消息。

也有的人，宿世有大根基，大智慧，大能量，大福報，諸惡不作，眾善奉行，雖然表面視乎很少盤腿打坐、持咒誦經，然而由於他們利他忘我，好事做盡，用心用到極處，忽然看破放下，一時大地平沉，頓悟頓證，正所謂狂心頓歇，歇即菩提。當然這種人極其稀有，億萬中不得一人。就孔子的根基來看，他的得道因緣，必是後者。

凡得道者一般都要經過三個過程，先是多事找事，然後萬緣放下，不問世事，在這期間證悟法身慧命，從而不怕死不怕生，不多事不怕事，以無事心隨緣做事。有些人自小出家，看似萬緣放下，可他還是把這個放下當成事來做，做很多功夫，做到極處，累了，真放下了，也就成了。然後抖起精神，弘法利生。

那麼，孔子得道後又做了什麼事情呢？他還是做原來的那件事，推行仁義禮智信，整頓綱常，教化世人，只是他不像過去那麼執著那麼憂患那麼攀緣，他學會了隨緣教化，正所謂人還是那個人，事還是那個事，心已經不是那個心。他不東奔西走了，只是靜靜地呆在山野林下，也讀書，也打打拳、下下棋、唱唱歌、彈彈琴，顯得從容優遊，然而他未忘本願，在表面很清閒自在的狀態下，開始了更重要更究竟的工作，那就是著書立說，整理先人典籍。

這是他的強項，也是他的使命。孔子的文案工作，主要包括以下兩個方面，一是講因果，著《春秋》。《春秋》通篇是講歷史朝代如何興如何衰，通篇貫穿因果，因此才有「《春秋》出而亂臣賊子懼」的說法，亂臣賊子懼什麼？懼因果呀！

二是整理《禮記》。

他一直主張克己復禮，希望恢復周朝禮儀，最終發現徒勞，時代人心都在變，歷史不能重演，但他必須把這些禮儀記錄下來，給後人留一些儘量原汁原味的歷史參照，起碼讓後人知道古人是怎樣活著的，知道我們和古人比差在哪裡和差到什麼程度。這就像佛門的戒律，有些人想改，理由是許多條款今人做不到，這是些糊塗人。你可以做不到，但戒條還是應保持原樣，這樣你才能知道古人有多麼嚴格，才知道為什麼如今修道的人多而得道的人少，如果改了，人們倒是容易做到，但還是不能成佛，那大家就會懷疑，我都符合標准了，怎麼會不成呢？是否佛法不靈了呢？

孔子整理《禮記》，不是僅僅把那些繁瑣的禮儀記下來而已，其中還有大量的道理論述，《大學》、《中庸》等體現孔子思想的重要著述都包含在《禮記》之中。協力廠商面是論道，就是整理《易經》。《易經》是講事物運行規律的，是三界內最高的學問，在佛法西來之前被推為群經之首，但《易經》的道還是側重於世間法，通了《易經》的人很會做事，能掌控天下，但還不能出世。第四件事是整理《詩經》，搜集先民優秀文學作品，總之，孔子搞的都是弘揚傳統文化，承上啟下的大事。

當然，還有一件大事孔子在做，那就是授徒講學。孔子歸隱後的授徒講學和歸隱前的授徒講學是不一樣的，過去是他要教，要張羅宣傳做廣告，後來是人家要學，找上門賴著不走，他不教還真不行。過去孔子是用理論教導徒眾，後來當然也有理論，但人們更傾慕他的人格和安詳狀態。這時候的孔子，已經沒有了過去那種衝動和狂熱，代之而生的是泰山般的端嚴和靜穆，大地般的慈悲和寬厚，大海般的深沉和柔軟，藍天般的曠達和清澈，不笑自親，不怒自威，使每一個有幸見到他的人都自然生出一種深深的崇敬。孔子不張羅辦班了，一心整理他的典籍，當然他並沒有打消辦班講學的念頭，他相信是他的學生自會找上門來，後來這些人果然陸續找來了，一個帶一個，個個都很有氣象，正所謂龍象雲集。

這也是一種相應，過去在世間遊說辦班時，來到座下的大多都帶著功利實用目的，喜歡熱鬧熱衷追星的平庸之輩多，後來他不張羅了，氣勢放低了，門檻提高了，找上門來的都是有一定頭腦和眼光的人，那些喜歡熱鬧愛忽悠的都奔那些誇誇其談的江湖大師去了。孔子座下號稱弟子三千，賢人七十，這在當時那個時代是十分了得的成就。賢人是什麼概念，不是光有高智商高文憑，那是要有很高的道德情操才行。

如今的江湖大師們動輒弟子百萬千萬，可他們座下有一個真正的賢人麼？即使如今許多專家泰斗級的人物，又有幾人夠得上個賢人資格呢？晚年的孔子學生多了，每天光解答問題就夠他忙了，他當然就更不多事了，不多事事還多何況多事，於是他便述而不作，不僅不找事情做，連文章也

不寫了，別人問他問題時他就解答，那部流傳千古的《論語》就是他平時的言行記錄，那是他的弟子們搜集整理的。有句話說「半部《論語》平天下」，可見影響多大，中國人沒有幾個不知道孔子的，外國人也都很熟悉孔子，街頭巷尾能大段背誦《論語》的孩子太多了。這很有意思，孔子當年真想走紅，卻很不得志，後來不多事了，他的千秋功業卻成就了。

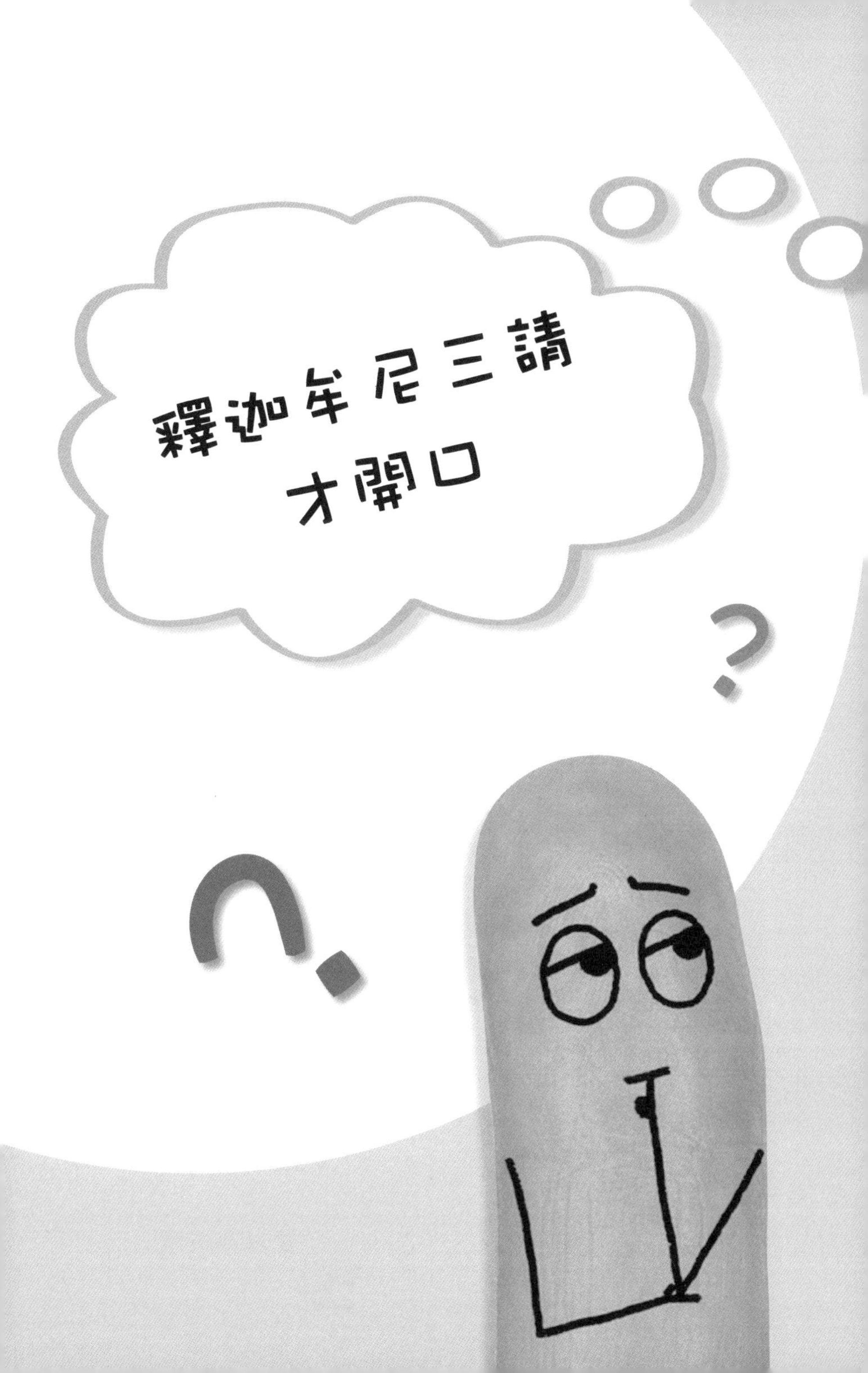
釋迦牟尼三請
才開口

凡夫都沒事找事，自尋煩惱，聖人不折騰，因為在聖人眼裡，一切法，一切事，一切物，一切眾生，本自無生，皆無自性，不可得，不可執，法而如是，就是這樣，既無須增加什麼，也無須減少什麼，更無須改變什麼，沒有什麼事情必須做，也沒有什麼話必須說，人家做了，人家說了，他也不會覺得不舒服。如果他還有個什麼必須做，必須說，那說明他覺悟得還不徹底。

印度的釋迦牟尼久遠劫以前就成佛了，因此，他剛來到這個世界的時候就知道這個世間的事都不是事，他的福報極大，身為太子，想啥有啥，他爸爸要把王位傳給他，而且看相的說他做國王就是轉輪聖王，整個國家的人民都可以跟他沾光享受富裕和安寧的，按理這是特大的好事該做吧，何況無需他刻意出什麼力，受什麼苦，擔什麼風險，可是少年的釋迦牟尼即悉達多太子硬是沒把這個大事當做事，他覺得這些所謂的大事好事也都如過眼雲煙，是稍縱即逝的假像，不值得執取，因此他不想當國王。

可這個娑婆世界的濁水畢竟太深了，一般的聖人剛來時都會產生隔陰之迷，甚至釋迦牟尼這樣的超級大聖人，剛剛降生到這裡還是免不了有點恍惚，還需要一段時間找回感覺。在這段時間內，儘管他清楚這個世間沒有什麼可執取，可隱約間還是覺得有點事要搞清楚，這就是生死大事，因此，父王的圍牆擋不住，他出家了，他要去做一件遠離一切事的事——了生死。

了生死就要證悟生命的真相，這本身還是一種折騰，心理和生理的雙重折騰，為此釋迦牟尼去學過許多法，練過很多功，在烈日下烘烤，到雪山上受凍，也進行過長期辟穀，日食一麻一麥，這種折騰比世間的所有折騰方式都凶，幾年下來，活活把自己煩惱成了一具活骷髏，然而他還是沒得道。釋迦牟尼意識到，生命的解脫光靠折騰和苦行是沒法達成的，他拖著虛弱的身體來到恒河邊，接受了一位牧羊女的乳酪供養，身體又恢復了生機，他在一棵菩提樹下坐下了，他再也不折騰了，要死要活完全隨它去了。就這樣一連坐了幾天，心如死灰，念頭不起，在偶爾抬頭睹見星空的一剎那，一件驚天地泣鬼神影響整個人類歷史的大事件發生了。釋迦證道了。

釋迦牟尼證悟到什麼了呢？他說：「奇哉！一切眾生皆具如來智慧德相，只因妄想執著不能證得。」這就是說，一切現象一切作用都是由妄想造作幻化而成，整個生命現象，整個世界都是由妄想而安立，妄想的念頭念念相續無間，如同電影膠片一格一格連續運動幻化出活動影像一樣，幻化出世間萬象，甚至包括自己的身體也都是妄想構成的。當一個人徹底放下妄想執著，在某一剎那意識之突然中斷，就像電影膠片突然斷掉一樣，一切現象，整個世界包括自我都轟然粉碎，化為烏有，從而徹見自己的本

來面目。這種徹見不是眼見，而是脫落一切見聞覺知和能見所見的離見之見。釋迦牟尼此時發現了一個大秘密，那就是真的沒有一切事，連他以為唯一的一件大事——生死大事也不是事。

為什麼說生死大事也不是事呢？那是因為所謂生死只是一種假像，自己其實從來沒有生過，也沒有死過，所謂生命之流也只是一種幻相而已，釋迦牟尼在深深的禪定中觀察思維，順著今生軌跡向前回溯，明明歷歷地觀察到自己生生世世的活動軌跡，一直可以延伸至無始，從而打消了對於生死的憂慮，因為他發現自己其實是萬壽無疆的，他稱之為無量壽，同時他發現自己的身體只是個幻化的執著體，當所有的感覺器官都休息時，身體的束縛就解除，自己的無身之身便無限展開，包含一切虛空，他稱之為無量光，這個光，是無關明暗的智光，當然也可以隨緣幻化成一切有相光。

釋迦牟尼發現不僅他自己如此，所有一切眾生都是如此，只是他證到了，過去諸佛聖人證到了，而一般人沒有證到而已，而且證到和沒證到在實相上都沒有區別。他又發現自己和一切眾生一體不二，所謂「一」和「多」也是幻化。

這就像一個屋子中數支電燈，其電源來自一處，卻又顯示出許多電燈的樣子，而且每個電燈的光都射向無限，彼此交叉而不相礙，光線交互重疊完全不分彼此。又如大海本來一體，不同容器各取一瓢，各各隨器幻化不同形狀，各成系統並無殘缺，倒回大海泯然無蹤，所謂自我如杯中水，如燈頭光，皆為假像。釋迦牟尼還發現所謂苦樂也只是一種錯覺，在雖然萬壽無疆卻又幻化生生世世中的天堂地獄也只是一種由於諸種造作產生的覺受而已，並無實質，亦是假像。

釋迦牟尼的證悟，發現了一切都是夢幻泡影，了無實質，這樣一來他就沒有執著了，徹底不執著了，沒有一事一物可執，也沒有生死可了，瞭解了生死的真相，生死就了了。從此他不為自己擔心，也不為眾生操心，因為所謂眾生也是幻相，因此他說過，「眾生者，即非眾生，是名眾生，度盡眾生實無眾生可度者」。釋迦牟尼沒有事可做了，他甚至懷疑自己來到這個世間有什麼意義，夢中之我與夢中之眾生又有什麼好講的呢？於是他便給自己定了一個隨緣的原則，不刻意造作任何事業，只是若有眾生向他請教，他就隨緣告訴對方生命真相而已，這叫開佛知見。

隨緣說法成了釋迦牟尼這一生找到的一件無事之事，臨涅槃前他還特意告訴大家他說法四十九年，其實沒說一個字，真的沒事，一場遊戲而已。如今眾生慧根退化，不解聖意，世間人殺盜淫妄，諸般造作折騰，無休無止，即使一些學佛修道的人們也是在折騰，把所謂弘法利生也都辦成了轟轟烈烈的熱鬧事，要四處攀緣，找很多的錢，修很大的廟，造很大的像，辦很大的法會，搞很大的場面，甚至把佛教道場也做成了市場，美其名曰「企業化管理」，說什麼要面對現實，與時俱進，修行也需要錢。嗚呼哀哉！有幾人悟得佛之本懷呢？如此妄想執著折騰造作不知休息，哪生哪世能得道呢？

讓我們來看看釋迦牟尼佛當年傳道弘法的風格吧，或許我們會從中受到某種啟發。

釋迦牟尼的佛法修行幾乎不講什麼物質條件，最重要的條件就是放下自我，放棄感官享受，放棄對物質的依賴，他和他的弟子們都選擇了遠離人群，遠離喧鬧，在寂靜處打坐或經行。當然他們也吃飯也睡覺，而他們吃飯睡覺是不一樣的，世間人吃飯喜歡美味佳餚，穿衣喜歡綾羅綢緞，睡覺喜歡大床軟褥，住房喜歡寬敞豪華，而釋迦牟尼和他的弟子們卻正好相反。

先說吃飯，他們日中一食，不求美味，只為養命，他們把飯食當成藥一樣，是療饑的，吃飯時，他們到有居民的地方乞食，人家給什麼吃什麼，不加揀擇，而且他們不分貧富貴賤，次第而乞，但不超過七戶，如果走了七戶人家仍沒有乞到食物，他們連這一天唯一的一頓飯也免了。人家施捨給他們食物，他們則把自己修行的福報回向給對方。再說穿衣，釋迦牟尼和他的弟子們的衣物簡單至極，他們從不買新布料，而是從人們丟棄的垃圾中撿拾一些舊布頭，甚至屍陀林中散落的裹屍布，用針線簡單連綴一下，即成為百衲衣，他們稱之為「糞掃衣」，這也成了佛門弟子的一大特色。

再說起居，釋迦牟尼佛那時的修行人連房子也很少住的，他們棲止於樹下和岩洞中，甚至住到墓穴裡，大地為床，樹葉為褥，如此而已。儘管簡陋到家，有許多修行人還是怕對比較舒適的條件產生貪執，因此才有

「頭陀不三宿空桑」之說，就是說有些苦行頭陀甚至不肯在一棵樹下連住三宿，怕對這樹蔭產生貪執依戀。

釋迦牟尼佛的佛法對物質的要求簡單如此，金錢幾乎對他們沒有作用，那他們當然就沒有什麼必須做的瑣事了。當然，有檀越居士主動發心供養他們精美的食物，高貴的袈裟，甚至莊嚴富麗的精舍，釋迦佛還是歡喜接受，這不是出於貪執，而是成全對方的施捨功德，給對方種福田。佛法是完全利他的。佛法為什麼重視出家法，就是要從制度上斬除修行人對情愛對財產的繫念呀！如果一個出家人斷除不了對男女情愛、子孫情愛的貪執，如果他還熱衷於治生產業，熱衷於積累財富收藏寶物，那他將不僅解脫無望，來生甚至想再得人身也難。

釋迦牟尼佛的本願就是弘法利生，向那些迷茫的有緣眾生開示生命的真相，使其悟入佛之知見，他當然還是要弘法，可是釋迦牟尼卻沒有像一

般世間大師們那樣奔走呼號，把自己的意識形態強加給世人，他只是發心，用心去護念眾生。這讓一般人很難理解，只是發心，就是弘法利生？只是用心就能護念眾生，不用出去辦班講學、組織活動就能利益大眾？對了，這就是聖人和凡夫的不同，凡夫用力，聖人用心。佛為什麼讓我們明心見性？就是由於凡夫不明心見性，不會用心，不會在性上用功。凡夫的所謂心，是後天意識假合的妄想心，凡夫所謂用心就是打妄想，這個妄想和本心本性是分離的，因而作用很小。所以我們凡夫做事情要跑許多路，花許多錢，出很多力，且收效甚微，甚至完全是無用功，因而只能算折騰。

而聖人由於開悟了，明心見性了，也就是發明瞭心地，因而他們只是用心就可以擺平一切，這叫心能轉物，即同如來。什麼叫發心？就是發明心地打開本來呀！這個心發明瞭，打開了，就和天地心、百姓心、眾生心打通了，因而他會捨識用根，依體起用，把自己的願力和祝福發散到盡虛空遍法界，普利一切眾生。一般學佛人也都講發心，可是嚴格講，一個人沒開悟前是不會發心的，他們的發心只是良好的願望而已，而且這種所謂良好的願望也多有雜染，既不純正又沒有力量。而一個得道的聖人發起心來，那力量叫不可思議。證悟也是有層次有量級的，一個人的證量就是從對心力的應用上體現出來的。

說到這裡，可能有人要問，是否只要有神通就是有證量的聖人了呢？那可未必。這裡不妨隨緣說一下神通的道理。

所謂神通也有自力他力之分，自力大致來自三種力，一者道力，二者德力，三者定力。何為道力？道力就是真正的證量，一個人真正見性圓滿，他的心就徹底打開，從而心包太虛，量周法界，因而他的心力會運到盡虛空遍法界一切方所，這種人心念一動，鬼神風從，自然所做成辦，心

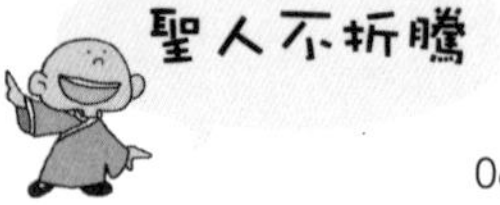

想事成，這叫得道多助。何為德力？德力就是德行品格的力量，有的人雖未證道，但德行品質十分高尚，起心動念止於至善，鬼神欽伏，故而常常得到鬼神幫助，因而也常常心想事成，這叫德高鬼神欽。何為定力？有一種人雖未得道心開，心光有限，但他精進專注，心不散亂，用觀想和持咒等等方式，把本來有限的心光焦聚，使之成為一道強力鐳射，直達目的，也能發出超強能量。這三種自力主要體現在三種類型的人身上，道力佛最強，德力菩薩種性的人最具備，定力二乘種性的道人最擅長。

至於他力的神通，就未必一定是好事了，往往有許多副作用甚至嚴重危害。他力的神通也可大致分為三類，一類是報得通，第二類是求得通，第三類純屬魔通妖通。何為報得通？由往世或過去因緣，作出過大的犧牲幫助過別的眾生，今生得到人家的幫助。例如往世你挖出眼球佈施給別人，這位受施的人後來成神或成為大力鬼，他就為你指示各種目標，使你得到天眼通，不用肉眼可以看到各種別人看不到的東西。這種神通時間不一定長，報盡還無，人家覺得對得住你了，他就不幫你了，你又回到常態。

何為求得通？你不見性，沒得道，德行又有限，但又想得到鬼神幫助，弄出點什麼靈異，那你可以辦置各種鮮花、美食、美酒、香燈，供養護法鬼神或者辦置酒肉葷腥供養外道鬼神，這些得到好處的鬼神也會幫助你弄出些蹊蹺，讓大家信服你。這就好比一個人得道或德高，鬼神會無條件為你護法，因為他們欽佩你，如果你道德不夠，你臨時可以備點厚禮賄賂人家，有些鬼神也會幫你忙，而且現行現報，見效快，只是這些幫你的未必是些大護法菩薩，大多是些未離欲的鬼神，他們喜好這一口。

如今有些學佛人很顛倒，想得神通求福報想瘋了，竟然不供佛菩薩而專門弄些酒肉供護法，這就像你不敬國王而只熱衷於拉攏國王身邊的衛兵

一樣，偶爾會得到點好處，長期下去你就有大麻煩。即使修出點什麼能量也只能是與鬼神為伍，與成佛無關。至於第三類魔通妖通就更麻煩了，這些所謂的修行人由於發心不正，為人奸邪，或過去的惡業感招各種妖邪魔怪，故意和他搗亂，或操控，或誘惑，或投其所好，弄出些奇奇怪怪的境界來，使其心志迷亂，瘋狂失心，步入險途，淪墜受苦。

這種人太多了，平時不好好做人，損了陰德，學佛不具正見，又不知檢點懺悔業障，卻又熱衷於求功求神通，覓奇尋怪，這種人不折騰出精神病才怪呢！因此說，學佛是要修福積德的。我們凡夫過去都曾有過種種過失，故而懺悔業障也很重要。一個人如果連人格都不具備，起碼的道德修養都不具備，甚至國法都約束不了，那他還想成佛得道，那絕對是大妄想。這種人不學佛還好些，好歹算個正常人，一學佛反而麻煩，弄不好要下地獄的。從這個意義上講，孔子的法很重要，先莫談學佛，咱先學做人吧，雖然暫時無大成，起碼不墮落。

咱再回來講，釋迦牟尼弘法利生，他會用心呀，他不像一般法師那樣忙活、張羅，甚至大造輿論造聲勢，他每天只是靜靜地打坐，緩緩地散步，那種安詳，那種從容，自有一種無與倫比的攝受力，使每一個有幸見到他的人都能感受到一種前所未有的清涼感和解脫感。從初轉法輪攝受喬陳如等五比丘開始，不用招呼，許許多多上根弟子就來了。大迦葉、須菩提、目犍連、舍利弗，這些都是當時印度的修行大師，各各都有一般徒眾，當他們見到釋迦牟尼佛，就像蠟燭遇到太陽，頓時光輝盡失，於是他們便陸續帶著他們自己的弟子們皈依到釋迦牟尼的座下，棍打不走，這就是釋迦牟尼佛千二百五十常隨眾弟子的由來。

當然這也是宿緣的感召力，學佛修法是要講緣分和福報的，你前世沒有親近過大善知識，沒有積深厚的福報，那是沒有機會見到大善知識的，

何況常隨佛學。另外一個角度講，一位真正的古佛大善知識應世，他也必會帶來一大批龍象之材，這都是他無量劫來的法眷。如果一個大師座下有萬眾億眾，卻找不到一位像樣的接炬人，一般地講，說明他的福德和證量不夠，他拼命張羅忽悠來的弟子大多都是追星好名的下根人，不會有大成就的。釋迦牟尼座下千二百五十人那個個是頂呱呱的人才呀，哪一個都有能力度化無量眾生，他的法能不普及開來麼？釋迦牟尼周圍還簇擁著許多大菩薩，文殊、普賢、觀音、地藏，那能量大極了。什麼是真正的大師？大師是有能力和有福報教化出大批社會精英的人，大師的特徵是成就他人而不是只會彰顯自我。那些被千萬人迷信崇拜卻後繼無人的所謂大師，充其量只是大名人而已。

釋迦牟尼不會自找煩惱，即使對他的常隨僧眾弟子，他也很少招呼什麼，他只是在法座上盤腿而坐，如如不動，哪個弟子有什麼問題，就到跟前來右繞三匝頂禮合掌請法，這時釋迦牟尼才開金口，善哉善哉，即好的好的，你聽著，我對你說，他的所有經典都是這樣問出來的，不如是三請他就不講。他的那些弟子都不是一般人，他們都不會拿一些諸如我的腿為什麼疼，我怎麼才能不得病，我每天該磕多少頭，我昨晚做夢說明瞭什麼之類的小兒科問題打擾世尊，他們問的問題都很有深度且帶有普遍性，因為一般都不是他們自己有什麼問題困擾，他們是為大眾請法。

如果沒有這些大菩薩大羅漢請法不懈，如今我們就見不到這一大藏教經典了。我們應該感謝這些替我們請法的大師兄，普賢菩薩十大願之一請轉法輪的確十分重要。佛不請自說的經典只有一部，那就是《阿彌陀經》，釋迦牟尼悲憫末世眾生罪障深重，難解佛意，修行找不到路頭，故而不請自說特別開示一個方便簡單的念佛法門，這是大有深意的。我們如今的人慧根實在退化了，沒有幾個人會得經典的，有些人從文字上好像明

白了，而在實際受用中卻絲毫用不上力。讀經會不得要旨，參禪起不了疑情，修行找不到路頭，不僅徒喪光陰，還很容易出問題，這種人最好不要盲修瞎練，讀不懂經典，咱就念佛號吧，證不到無生，咱就求往生吧，往生到西方極樂世界，阿彌陀佛再教你『念佛是誰？』。

關於這個不折騰，釋迦牟尼佛在《金剛經》結尾處有一段精彩的開示。這一段講，即使你以無量阿僧祇世界七寶持用佈施，還不如你受持此《金剛經》乃至其中的四句偈子，為人演說。無量阿僧祇世界七寶是個什麼概念，就是說你即使把整個你所能想像得到的大千宇宙全部變成金銀財寶、華衣美味，拿去扶貧救災或供養大德三寶，還不如你受持一小段《金剛經》為人演說功德殊勝。那你說好了，我懂了，我扶貧救災不幹了，我把《金剛經》背下來，再印他一百萬冊經典教材，到大城市去辦班開學堂推廣經典去，錯了，你又多事啦，為什麼呢？佛後面又講了，云何為人演說？不取於相，如如不動。

就是怎麼樣為人演說？很簡單，不取於相，如如不動，這就叫為人演說，因為任何刻意與造作都與《金剛經》真義相違，你只要不被諸相所迷，將心安住於當下，那就是真正的演說《金剛經》。佛後面又講了，何以故？為什麼這麼講呢？「一切有為法，如夢幻泡影，如露亦如電，應作如是觀。」一切有為法，其中不僅包括了世間人追名逐利生事造業的折騰，也包括了諸如扶貧、救災、養老、助學、建寺、造塔、修橋、鋪路乃至於搖鈴、打鼓、磕頭、禮拜、唱念、觀想，嚴格說這些還是屬於造作，不是究竟，都是如露如電的夢中遊戲，相對於生命的覺醒來說，夢中光景再偉大再美妙也沒有真實意義。

誰折騰誰了

我畢竟是凡夫，寫文章還是要動腦子。此時我正住在揚州高旻寺的水閣涼亭裡，據說這裡曾是大清康熙帝和乾隆帝下江南時的下榻處，當然如今的房子是改革開放後重建的，當初皇帝的寢宮乃至整個高旻寺都在「文革」中被扒掉了。高旻寺數百年來一直是漢傳佛教禪宗的重要道場，是個人才輩出的地方，近現代高僧大德沒有經過高旻寺鍵錐鍛打的不多。二十世紀八十年代，中國落實宗教政策，當年高旻寺住持、民國時期著名高僧來果大師的法子德林老和尚發願恢復祖庭，重振高旻寺雄風，近三十年下來，寺院已蔚為壯觀。

老和尚一手抓寺院硬體建設，一手抓道風建設，動靜交參，打坐出坡兩不誤，每年冬天的禪七衲子雲集，影響遍及海內外。我也是由於二零零三年到高旻寺參加了全程十二個禪七，與老和尚結下了深厚的法緣。此次再來，乃是應老和尚之約，為高旻寺創作一批畫作。常住上為了創作不受

干擾，特地按排住進了這高貴的水閣涼亭。這水閣涼亭遠離僧眾和居士活動區域，數十間房屋自成一塊天地，前後各有一門與外界相通，諾大一個接待區，只有我和助手張柏林二人居住，生怕辜負住持一片苦心，也怕辜負如此大好環境，自然不敢懈怠，除了每日作畫，同時醞釀寫作此書。

這祖師道場就是不一樣，剛開筆，折騰的就來了，而且不是別人，正是本道場的最高權威——德林老和尚。不早不晚，正在這當口，老和尚安排工人到水閣涼亭門外大搞工程來了，前門在修一座門房，拆門釘窗，裝修前庭，電鋸刨床轟然作響。後門則把兩旁石欄杆砸掉砌牆，先砌成矮牆，過兩天老和尚不滿意，讓拆了又砌高花牆，又過兩天花牆砌起來了，老和尚又不滿意，又叫拆了，再砌成兩排矮平臺，平臺上裝上花樣鐵欄。好傢夥，這一連多天，前門後門這個鬧騰，一面轟轟隆隆，一面叮叮噹噹，更有意思的是，老和尚以九十六歲高齡每日親自督戰，有時還安排大批出家師父來搬磚揀瓦。

偶爾動念想到外邊散步，前門後門都需要過關斬將，而且總能和老和尚迎面遭遇。我不由發笑，自己這不分明被老和尚軟禁強行閉關了麼？他勞民傷財折騰，這麼些叮叮噹當這不分明是考我功夫麼？好在常年閉關自守慣了，也實在沒有必須走出門外觀光賞景的欲求，散步經行屋裡的空間足夠，至於那些轟隆叮當，不管它就是了，有耳朵可以不用嘛，只要心神不外馳，誰又能幹擾你呢？於是安心創作，心無旁騖，數日下來成果頗豐，完成數幅畫作，這篇《聖人不折騰》也完稿了。再向門外看看，人家的工程也差不多了。這才想到，光寫了老子、莊子、孔子和釋迦牟尼還不行，還要再加一段《誰折騰誰了》才會圓滿，不能辜負了老和尚這一番點化，只要有一個人由這篇文章得度，這番勞民傷財的折騰就有人買單了，就一千倍地值了。

回頭想來，所有的聖人都是經過大折騰過渡到成道不折騰的，他們自己不折騰了往往還要用各種方法折騰他們的弟子，從而把弟子們的道心和能量調動起來，這其中最典型的莫過於西藏密宗大師瑪爾巴折騰他的弟子密勒日巴的事蹟了，密勒日巴的超常大成就，就是活生生折騰出來的呀！如今不少人在社會上折騰累了煩了，就跑到寺院來討清淨，結果發現寺院裡也有是非，也煩惱，就心灰意冷，起分別，怨天尤人，這可是大錯特錯的啦！

世間人追名逐利，講求經濟實惠，以物質財產論得失，花錢費力若沒獲取物質成果，就心疼膽也疼，那才叫折騰，身也折騰，心也折騰。而修行人則不同，修行人不重物質成果，重在調理身心，修廟的過程就是修行的過程，出坡勞動就是一種動中求靜的修行，檀越供養的錢財只要用在這個過程中，這個功德就完成了。就拿這水閣涼亭後門三拆三建的過程來說，工人每天有活幹，每天能掙到工錢養家糊口，他們賺了；老和尚完成了接濟世間貧寒、調教後學身心、莊嚴叢林設施的心願，他賺了；我從此悟到修行的道理，受到啟發找到靈感圓滿完成了他的著作，他賺了；至於那些向寺院捐資的發心檀越們，從他們以清淨心恭敬心佈施出自己勞動所得的那一刻，他們的福報就種下了，他們也賺了。當然啦，如果有哪個出家人以貪心將錢財私自佔有或孝敬俗家親眷，那他就慘了，要披毛戴角還債的。

由此可知，折騰不折騰在心不在事，在內裡不在表相。分別執著就是折騰，不分別不執著就是不折騰。凡夫分別執著，貪嗔熾盛，想不折騰本身也是一種折騰；聖人不分別不執著，清淨無染，表面在折騰其實一點也沒折騰。

誰折騰誰了？誰又能折騰得了誰？

朋友，讀到這裡，你折騰不？

想脫俗的孩子

好大的一場雪，祥翁有生以來，第一次見到這麼大的雪，量了一下，足足有七十釐米。大雪後的山村，美得讓人心醉，天地從來沒有如此乾淨過，整個一個淨琉璃世界。當然這是祥翁的感受，一個佛門居士，一個詩人，一個畫家，衣食又現成，當然有這個閒心欣賞美景了，可是從電視上看，同樣是一場大雪，在許多地區卻是一場災難。新疆和內蒙古報導，大量牲畜凍死餓死，很多人被困，武警官兵正日夜奮戰救苦救難。可見萬物非好非壞，同樣的事情，對福大的人來說就是福，對福薄的人來說就是禍，天堂地獄都在眼前，不同的業，感受便不同。

大雪封山，來客自然絕跡，祥翁好幾年沒有享受這種清閒了，他又體會到了剛進山那幾年的那種閒逸和寧靜。這幾年出了幾本書，不小心名聲又傳出去了，外面的人稱祥翁為隱士，祥翁不這麼認為，前些年是，這些年不算了，當有人稱你為隱士的時候，你已經被人發現了，因此就不成其

為隱士了。有幾次外國人都找上門來了，說尋訪中國隱士，外國人似乎對中國隱士很好奇，他們說中國文化的精髓保持在隱士手裡。祥翁說有點道理，可我是假的，不是真隱士。外國人問他為什麼這麼講，祥翁說連你外國人都找到了，我還算什麼隱士呢？大家就笑。

這些年聞名進山尋訪祥翁的人多起來了，差不多每天都有人來，有時一天來好幾群人，讓祥翁有點應接不暇，好在祥翁的心托著底了，人多人少都干擾不了他的心境，否則他會往更深的山裡躲。祥翁不躲，來者不拒，去者不留，善緣惡緣，一視同仁。他不怕事，但絕不多事，他還堅持剛進山時給自己定下的幾個原則：不和任何人談生意，不積錢財，不加入任何組織，更不擔任任何角色，不參加社會活動。他只寫自己想寫的文章，不請人題字作序，也不為別人的著作題字作序，他不應付約稿，也不受請外出講演。當然，人家辛辛苦苦尋訪到家裡來，他還是會熱情接待，否則於心不安。

對於隱士，如今祥翁已經有了新的理解，真隱者不在身而在心，心不妄動，神不外馳，冤親不加揀擇，喜怒不上眉梢，善惡等觀，動靜一如，即是真隱，一個人能做到這個，即使身處鬧市，也是隱士。如果一個人貪嗔熾盛，神魂不安，即使他身居深山古洞，那他也是塵勞的世間之人。可儘管祥翁如此見解，他還是選擇遠離城市，遠離暄鬧，因為他覺得自己還是個凡夫俗子，沒有真實的行持，還是老實呆著好一些，行不了大善，起碼不造小惡；度不了天下眾生，起碼先管束好一個自我。只發大心，不說大話，高處著眼，低處下腳，這個很重要。

這下好了，一場大雪，又為祥翁創造了一個閉關養氣的機會，一連幾天無人上門，昨天，有關部門用推土機推開了大路上的積雪，打通了通向山外的道路，可這畢竟是山區，路況不好，推土機不能貼著地面推，下面

還有挺厚的雪，一壓一踩，越發實在，看來數日之內還是不能通車。

祥翁正在打坐，有人敲門。祥婆去開門，祥翁以為又是鄰居來借東西，自有祥婆招呼，結果進來的不是鄰居，而是一個外來的小夥子，一個高高的，白白的，一臉英氣的小夥子，但見他背著一個旅行包，口中哈著白氣，眉毛和髮梢都結著冰花，進門見到祥翁倒頭便拜，祥翁連忙將其扶起，讓座坐下，祥婆遞上一杯熱騰騰的茶水。

小夥子自報了姓名，祥翁記不得，祥翁的朋友太多，祥翁又沒有遠近高低之分，因此很少記住誰是誰，在這裡就稱阿誠吧。阿誠說他是步行二十公里上山來的，其實他不說祥翁也知道，這麼大的雪，什麼車也走不了。阿誠說他以前來過，祥翁可能記不得了，他說最近產生了一些心理矛盾，面臨一種抉擇，希望能得到祥翁的指點。

祥翁讓阿誠慢慢說。阿誠說，他在大學時就接觸了佛法，立志學佛，畢業後沒找到合適的工作，在他看來，許多工作本身便是不善之業，他不想幹，可真能賺到錢又對社會有真實利益的工作崗位幾乎就找不著，他跑過幾個道場，參加過佛門的夏令營等活動，又先後在幾個素食館打過工，後來到了一個兒童經典導讀班做老師，教孩子背誦儒家經典，可做著做著他覺得越來越不安了，不知道這樣做下去是不是會誤人子弟。祥翁問，你為什麼這麼講呢？

阿誠說，這些經典我自己都弄不懂，也沒人給我講過，就這樣稀裡糊塗的給人家當起了老師，據我觀察，不光是我，許多做經典推廣的老師，甚至一些已經有一定影響的經典導讀領頭人，只是滿腔熱情地推廣推廣再推廣，自己卻很少深入研讀經典，更不用說以身示範去實踐經典了。起初大家的發心都是挺好的，可是現在看來，經典讀誦似乎正在演變成一種事業，成了一些人眼中新的生財之道，這些孩子成了試驗品，有些舉辦這項

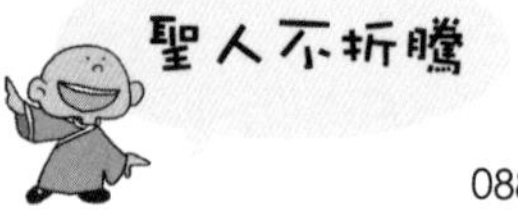

事業的人只是簡單地強調背誦背誦再背誦，不考慮孩子身心的全面發展。

至於孩子們再大一些後怎麼辦，大家都沒有一個切實可行的主意，他自己也很迷茫，不知道到哪裡去找答案。阿誠又說，上一次他和幾位同道一起來參訪祥翁，他從祥翁身上看到了傳統文化的一線希望，他說他第一次見到一個真正在實踐古聖賢活法的人。

祥翁聽了阿誠的話，對阿誠的狀態便有了個基本的瞭解，又聽阿誠如此讚歎自己，很是慚愧覺得擔當不起這種稱讚。祥翁說，我這實在算不得個什麼，過去在名利場折騰忽悠，折騰累了，又讀了聖賢的經典，覺得自己該回頭了，於是就進山休息喘氣，依照經典反省檢查一下自己而已。弘揚國學經典，這是件利國利民的大好事，可是這個事業如果讓我來做，未必會做得比別人好，所以不敢隨便誇談。孔聖人講，『己所不欲，勿施於人』，自己都不想實施的事情，不能誇誇其談地教導別人去做，自己沒有弄明白的事情，不敢教授他人。

孔子有言，好為人師也是一種過失。聖賢的教言是醫心治世的藥方，孔子的時代和周朝不同，孔子曾機械地推行周禮結果不成功，因此他一邊把周禮盡可能原汁原味的記錄下來供後人參考，又結合時代的特徵和自己的閱歷提出了一系列自己的見解，從而形成了適合時代特點的獨特孔學體系。如今的時代和孔子生活的時代又發生了更大的變化，孔子的藥方儘管十分寶貴，可我們不能原封不動地照搬，我們還要用自身實踐去檢驗這些藥方哪些適用，哪些還有待改進，這樣才好應用於臨床，這便是對自己負責又對社會負責。

當然就時下的情況來看，聖賢之道近乎滅絕，讓孩子們哪怕生吞活剝地依樣背誦一些經典原文也絕對是一件大好事，可我們作為教育者決不能僅僅滿足於此，推廣的藥方最好要經過自己的親身體驗，這叫驗方，檢驗

過的古方，這樣才可靠，就好比外國的導彈都打過來了，我們光會用弓箭那是不行的。我們不能把孩子們教成只會之乎者也說文言，卻對現代生活束手無策的遺老遺少。

我們不能只靠販賣祖傳秘方過活，必須針對新病開出新方子，這就要求我們身體力行。可是遺憾的是，有一些人只是狂熱地叫賣祖傳秘方，卻忽視了自己用藥，連自己都救不了的人，你又能救得了誰呢？

阿誠說，我看得沒有祥翁您透徹，我只是覺得不安，卻又理不出個頭緒，不知道問題在哪裡，說真的，我連自己下一步該怎麼走下去都很迷茫，更想像不出這些只會死背聖賢的孩子們將來會如何。我覺得自己有點像偽君子，自己不知道怎樣做君子，又教別人做君子，這算不算一種偽君子呢？

祥翁說，你能這麼想問題很好，能這麼反省自己的人就不是偽君子，即使目前還不算真君子，起碼具備了做君子的基本素質，孔孟這樣的大聖人，最基本的修養功夫無非是每日三省其身。從你的話語中，看得出你是一位真誠的人，這很好。兒童讀經活動從發起到現在已經十多年了，是對弊端百出的現行應試教育的一種修正和補充，最初的發心基本是好的，現在出現了一些偏執、極端和焦慮的傾向也是可以理解的，矯枉有時難免過正，這不怕，只要我們不一意孤行，只要我們不斷反省和總結經驗教訓，事情就會向好的方向發展。

孔子講，過猶不及，萬事都要講個中庸。否則將事與願違，日後可能會發生一些問題，事實上，隨著這些孩子逐漸長大，有些問題已經凸現出來了，有許多從事這項工作的老師和學生家長帶著孩子來找我，他們很焦慮，很困惑。問題還要慢慢考慮，發生了的事情必然有其合理性，不能相互埋怨，要積極地想辦法。這些暫且不論，我要強調的是發心，只要你真

的發心想成就孩子們，不是為了自己的利益，最終你便可能不僅幫助了孩子們，更成就了自己。如果一個人發心不正，只是從傳統文化中看到了商機，拿孩子們作賭注，那他最終必將害人害己。

不要以為屠戶淫房一定是在造惡業，談經論道一定是善業，未必。關鍵在發心，不能只看表面。正人行邪法，邪法也正；邪人說正法，正法也邪。不管怎麼說，推廣聖賢之學總是好事，這其中大多數人是真誠的，這些人儘管也會產生種種認識上的誤區，但最終是會走出來的，讀經活動肯定能夠成就一批人，從你身上，我看到了這個希望。

阿誠說，您這是鼓勵我，說實在的，我真看不出自己的希望和出路在哪裡……我目前就面臨一種抉擇，不知道該怎麼辦，因此才來請教先生。

祥翁說，你面臨什麼抉擇，不妨說說。

阿誠說，我這幾年東一頭西一頭撞了好幾個地方，嘗試了好幾種活法，好像都不是自己想要的，好像都不是究竟，眼瞧著自己也老大不小了，父母一個勁兒催我找對象結婚，可我心裡很矛盾。我想學佛，又面臨一個結婚生子的問題，不知道該如何定奪。

祥翁說，那我要問問你，你學佛到底想解決什麼問題？想求順利？求發財？求幸福，求健康長壽？還是求天下太平？

阿誠說這些問題都不是我想要求的，我想求的是了生死，明心見性，親證佛法，廣度眾生。

祥翁說，這事大了，可不是隨便說說就行了的。

阿誠說，我是真心的，我不怕吃苦，我一定要在此生超越生死輪回。

祥翁說，如果你真是這樣發心，那太殊勝了，那我就不客氣地告訴你，你不要談什麼女朋友了，什麼素食館什麼經典導讀都不要做了，你該去出家。

阿誠說，出家這個問題我還真想過，這個念頭一直沒斷，可是一直沒下決心，許多人勸我不要出家，好像六祖大師也說過，學佛修行，在家也得，不由在寺。

祥翁說，六祖是說過這話，可他那是對在家居士說的，他能說我們在家人就沒有希望了嗎？很多人由於種種因緣，此生不能出家，六祖若說在家人不能成道，那我們這些在家居士就都該去上吊了。六祖這是鼓勵的話，要我們建立信心的，六祖的話有分寸，在家也得，不由在寺，是說在家也可以修行甚至得道，不是必須出家才行，並沒說在家出家都一樣，更沒有在家修行更好的意思。你可以查考一下，歷史上真正開悟證道的大德祖師，出家人很多，在家人又有幾個呢？點得出來的也只有傅大士、龐居士等寥寥幾人而已，而且這有限的幾個人都不是一般人，其福德智慧均超一流，非常人可比，可見大有來頭。

即使如此，他們也還是行常人所不能行，忍常人所不能忍，不營世務，專注修行才真正成就的。就拿龐居士一家來講，有兒不娶，有女不嫁，家財萬貫最終卻全部拋進江裡，一家人進山隱居修行，開荒種地，粗衣素食，這和出家有何區別？他們如果不這樣做，而是一邊開著公司算計著賺錢，或者當著大官玩弄著權術，或者抱著嬌妻美男唧唧我我，一邊哼哼呀呀念幾句經，誦幾句咒，就成佛了？那簡直是開玩笑。

阿誠說，我聽到一個說法，說末法時代，出家人修行不如在家人，而且有人說在家修行才是真功夫。

祥翁說，不知道這種說法出自何典，即使真有這種說法，我們也要知道，末法時代很長，一萬年，我們現在才剛剛算個開始，目前的情況還沒有糟糕到那種程度，出家人成就的還是比在家人多的多，只是出家人一般注重專修，不事張揚，許多有成就的人社會上不知道，而在家人往往比較

高調，有些人能說能講又能寫，在社會上有一些影響，因此給人一種感覺，好像社會上的佛學家挺多，廟裡的出家人卻沒什麼動靜，這是一種假像。佛學家和成道不是一回事。

當然的確有的人理論很棒，影響較大，最終走得也很瀟灑，可真正走得瀟灑精彩的大多還是出家人。真正有成就的大多是潛修默證不事張揚的人。即使如今也常有出家人圓寂時放光顯瑞或燒出舍利，這些情況在家人又有幾個人呢？你看連我這種一身習氣毛病的人如今都成了角色，在許多人眼裡儼然算個大德了，否則就不會有這麼多人辛辛苦苦進山參訪了，這本身就很荒唐。我自己最終能否走出個樣子都很難說，因此我才不敢輕易外出講話招搖，不敢自充善知識，更不敢說我自己修的比出家人好，這是實在話。我看那些無視出家人，自以為比出家人更有道的大多是不知深淺的狂妄之人。

出家眾中得道者是千百中不得一人，而在家的老百姓中得道者可說是億萬中不得一人，這是有著大差異的，對這個要有個清醒的認識，不可人云亦云。至於說什麼在家修行才叫真功夫，那更是無稽之談，這是什麼人講的？如果是出家人講的，人家那叫客氣；如果是在家人講的，這個講的人是不是個大成就者？若他是個大成就者，他不可能如此自以為是，更不可能對凡夫眾生做如此誤導；如果他不是位大成就者，那就純屬於不知天高地厚。

阿誠說，我聽有人講，學佛要發大心，要廣度眾生，拋家、捨業、捨棄眾生出家那是自了漢，在家才能行菩薩道。

祥翁說，這更是無稽之談。釋迦牟尼當年如果不出家，六祖慧能如果不出家，這個世間如果沒有僧團住持，佛法能傳到今天嗎？絕不可能。如果那樣，即使如今還有個佛法的名字，也早就和鬼神外道混成一團了，或者論為世間的一種所謂哲學理論了。什麼叫菩薩道？就是菩薩所行的道，前提是你必須具備菩薩的見地，菩薩的證悟。菩薩有出家菩薩，有在家菩薩。出家菩薩住持佛法，在家菩薩護持佛法。

你如果是得了道的人，以其特定的因緣，根據眾生的需要，示現在家相，以種種方便化導眾生，這叫倒駕慈航，非常人所能行。如果你是凡夫，沒有得道，你自己都找不到岸，你在水裡掙扎東扯西拉那叫什麼菩薩道呢？那叫不知死的鬼。至於我們世間人仰慕菩薩、學習菩薩，甘心情願捨棄自己的利益甚至生命成就別人，那只能算是菩薩種性，還不能算是真正的菩薩道，因為你只能解人暫時的危難，救人暫時的命，卻沒有能力讓人出離生死苦海，你即使為此捨棄了你這一世的生命，也只能算世間的小善。

菩薩種性並不意味著你就是菩薩，這就像一顆樹種子不能算是一棵大樹是一個道理。從理論上講，每一顆樹種子都可能成為大樹，但它成為大樹需要土地、陽光、水分、溫度和時間等諸多條件，缺了任何一個條件便不可能成為大樹。事實上，世上的種子無量無數，可最終真正有機會長成大樹的萬中無一，你說是吧？

學菩薩更是如此，那要經過無量劫難行能行、難忍能忍的精進修行。你只要沒有證悟，即使你持守了菩薩戒，也是在學著菩薩的樣子做人，那叫因地菩薩，還是菩薩的種子，當然這種子已經種在地下了，可最終是否會長成樹，還要看水分、營養、天氣等諸多條件，即使長出來，是否能長成大樹，會不會被人砍掉或被火燒掉還是不一定。

你受持菩薩戒沒有？沒有，這不得了。你想一想，你忙了幾年，連孔孟的世間善法還沒有真實地瞭解，只是信佛仰慕佛法，連佛法的邊還沒摸著呢，佛經講，即使你以三千大千世界的七寶供養佈施，也還只是世間小善，出不了生死，你又做了多少呢？不做壞事，專做好事，還只是世間法，連小乘羅漢的出離生死都做不到，怎麼有資格談什麼行菩薩道呢？社會上有些學佛的居士，分明是由於情愛放不下，家庭放不下，生事造業之心放不下，因而出不了家，卻又怕人家說他學佛不真實，就給自己找說法，說什麼在家行菩薩道，實踐大乘法，這叫自欺欺人。

其實除了鳳毛麟角極個別人外，絕大多數人學佛又出不了家，不是世間心放不下、出離心發不起來，就是受到種種制約，因緣不成熟，總之是業力所系。承認這一點，正視這一點不恥辱，這是一個佛門弟子應有的態度。而硬要充人物，掙面子，為自己找說法，這本身就是學佛不上路的表現。出家學佛乃大丈夫事，非帝王將相所能為，帝王將相還放不下江山，放不下所謂的偉大事業，說穿了就是還熱衷於生事造業。

阿誠說，還有一種說法，祥翁您怎麼看？人們講，世間事總得有人做，都出家修行了誰來建設國家，誰來保衛國家，誰來給出家人送錢、送糧、蓋廟、建房子？

祥翁說，事實上是不可能所有人都出家的，出家絕對需要大福報，你即使想做個混飯吃的和尚也需要前世有緣，沒這個緣分沒這個福報誰會為你剃度？有些人剛想出家還沒出家就突然發生巨大障礙甚至死掉了，有人出家想受戒剛登戒壇就突發重病甚至死掉，這都是業障太大，福報不夠所致。同樣在這個世間做人，每個人的來路不同，有人前世有修行甚至出過家，有更多人是從三惡道剛剛爬上來混得了人身的，這些人甭說出家修行了，就是想在世間找個正當職業混飯吃也是很難的，他們如果不殺生，不打妄語，不搞歪門邪道就找不出別的活法，為什麼會這樣，就是沒福。

你以為披上袈裟就這麼容易？一個人哪怕演戲扮和尚披上一陣兒袈裟，那也是前世種下的福報因緣吶！一個人福報不夠，心性不到那個程

度，即使逼他出家也逼不走的，你信不信？假若現在國家頒佈一項法令，全體國民都必須出家，不出家的全部殺頭，那也沒用，肯定還有大堆人要跑到深山或移民國外去結婚生孩子。好了，不妨我們再假設一下，假如我們全民都出家了，社會又會什麼樣子。

你想想，我們全國人都出家了，在山裡打坐修行，粗衣素食，不蓄財產，那銀行很快就關了，房地產就不要搞了，環境也不會破壞了，空氣就自然乾淨了，天也藍了，山也綠了，乾涸的泉水也流出來了，土地中自然又長出了各種豐美無任何污染的蔬菜食物。吃的少，吃的簡單，水土又好，打坐經行之餘隨便在什麼地方埋下幾粒種子，我們就吃不完，那我們還有什麼事業可做？大家都持戒了，員警失業了，國家機器用不著了，部隊也用不著了，你說外國人會來侵略嗎？其實人家來侵略也是我們的業力所感，你如果沒那個業力，他惹得起你麼？

祥翁的話，說得阿誠直笑，他以前聽了許多一本正經的說教，從來還沒聽到祥翁這麼活潑有趣的說法，出家修行這麼嚴肅的課題，讓祥翁這麼一番談笑風生，許多疑惑輕而易舉地迎刃而解了。

當然出家畢竟是人生的一個至關重要的選擇，阿誠還有一些放不下，他說他父母也信佛，對他學佛不反對，可還是不希望他出家。他爸爸說即使他一心想出家，也要先結了婚，給他們留下個孫子再走。祥翁問阿誠對這個問題怎麼想。阿誠說他眼下還拿不定主意，父母的想法好像也有道理，誰不希望身後有人接續香火呢？再說孔聖人也一再教導我們要遵守孝道啊！

祥翁笑了笑，阿誠的想法很有代表性，中國的出家人第一道難關就在這裡。於是他又耐心地給阿誠講，你知道你這是怎麼回事麼？這叫愛纏。親情是一張牢固的網，家庭是我們生命輪回的淵藪。別的東西好辦些，這

個愛纏最難突破，你現在有父母兩條繩子拴著，就已經很難走脫，當你再有了愛妻，再栓上一條繩，這根繩比父母這兩根繩牢固的多，你要走，她要尋死上吊，你怎麼辦？如果你再有了孩子，那就更麻煩了，不用孩子拽你，你自己就放不下了。你別盲目自信，到時候就明白了，你怎麼辦呢？你說等孩子上完學你再出家吧，先在家賺錢。孩子畢業了又要找工作，這事很大，你再為他奔忙找工作。剛剛工作有個著落，孩子又該結婚了，要辦嫁妝，買房子，那你可有的累了，你是有錢人還好些，你不是有錢人，那就要貸款，你看現在有幾個買房子不貸款的？這下你又欠下債了，還債吧，債沒還清，孫子又出世了，兒子兒媳忙工作，怎麼辦？你老婆可能病了，你照顧老婆，還要幫兒子帶孩子，就這樣，一生一晃眼就過去了，什麼明心見性，什麼證道涅槃，八萬四千劫以後再說吧！我不是在嚇唬你，你放眼看看這個世間，我給你這個假設還算好的，人生的種種厄運、遭遇都是不可預計的，明天你是否還活在世上，很難說。你別不愛聽，生命就是無常，無常鬼為什麼叫無常鬼？就是由於他不守常規。我對你說，其實我自己也在不斷提醒自己，隨時都不能失去覺照，否則一氣不來，就不知跑到哪裡去了。

再說孝道。孔子講的是世間之小孝，孝親養親續香火，佛家的出世大孝，沒有幾個人明白，如今有不少佛門居士在弘揚孔子文化，這很好，這是一種方便，對社會有好處也給自己增福報，可搞著搞著不知不覺之中把最初的學佛根本給丟了，把孔子的世間善法和佛的出世法混同一談了，甚至依據儒家的理論反過來認為佛家沒有孝道，這是很顛倒的見解。儒學是世間善法，儒家是講做人的，是修治齊平的學問，是一種人間遊戲規則。孔子很偉大，但孔子只解人道，不解其他五道，不知道生命是輪回的，因此儒學不能了生死，不能出離輪回。孔子以為生命的傳遞就是老子傳兒

子，兒子傳孫子，因此儒家的孝道只能是奉親養老，接續香火一種形式，這種孝道是一條線，當子孫斷絕了，似乎生命就斷絕了，孝道也就走到頭了。

而釋迦牟尼佛看得更徹底，更圓滿，他看到了生命的輪回，生死是一種假相，人我是一種分別，眾生一體，視一切男子是我父，一切女人是我母，這個孝就廣大無邊了，不是一條線了，而是盡虛空遍法界地散發開來了。這樣一來，一個人出家修道成就了，那他就不光孝敬了這一世的父母，也孝敬了無量劫以來的一切父母，他不僅僅關照了父母一世的保暖，也成全了父母的法身慧命，這種大孝功德無以形容，是世間法中的一切孝道都無法比擬的。為什麼說一子出家九族升天呢？這一點我自己就有很深刻的親身體會。

我兒子也出家了，他出家前很有孝心，工作給我捎錢，我和老伴既知足有一個好兒子，又無時不擔憂著他會不會順利會不會有什麼閃失，總之離不開一個情。後來兒子出家了，當然我們仍然惦記他，可這時每當想起他都是一位莊嚴的僧寶形象，我們自然就生起念佛念法念僧之心，這是一種極大的加持，我們的生活更加豐滿充實，更加祥和，而且沒有了子孫的掛礙。若說身後的香火，一個出家人身後的香火，哪個俗人比得了呢？我岳父起初聽說他這個外孫出家時，簡直氣壞了，要我逼他還俗。

幾年後他外孫回家看他，我岳父一見就服了，他後來對我講，孩子出家是對的，你看他現在的言行舉止和氣象，就是非同一般，和他從小一塊長大的小兄弟們比，簡直是天壤之別。我岳父特意要我給他弄一張孩子穿僧裝的照片，說要掛在床頭，天天看著，並發願念佛。你看這個力量有多大？為什麼說許多出家人的父母至親沒有學佛也升了忉利天？忉利天是天界唯一一個有佛法的所在，就是因為這些人由親屬出家的緣故，在八識田中種上了很深的三寶種子。出家這種大孝大善是一般世間人沒法想像和體會的。

我們再從歷史上看出家的功德。唐朝皇帝尊崇出家人，因而有了大唐盛世；清朝順治皇帝出家，才有了身後的雍正成道與康乾盛世；宋朝楊家將有功於社稷，畢竟殺業太重，有楊五郎出家，從而使一個大家族免於因殺業而沉淪；元世祖忽必烈打下江山，當然這也是他有這份福報，可畢竟殺人太多，他的女兒因此發願出家，為父母還業債，為天下人祈福，至今北京潭柘寺還有元世祖女兒的靈塔。儒家有二十四孝，在世間法上來說是很了不起的，可其中哪一個又能和這種出世大孝相比呢？

阿誠說，慚愧我學佛這好幾年，連佛法的這種大孝都沒有真正有所認識，今經祥翁您一番開示，令我茅塞頓開。可儘管如此，父母卻很難理解呀，怎麼能說服他們呢？

祥翁說，情這個東西力量太大了，你即使從理論上把父母說服了，他們也未必會真捨得你出家，歷來出家難，就連釋迦牟尼佛不也是半夜逾牆而去的嗎？後來怎麼樣，父親讓大批大臣高官出家從而積下無邊福德，母親也上升忉利天，聽佛說法。

我們這個世間的人畢竟都是凡夫，能夠主動支持兒女和丈夫老公出家的極其稀有，這正說明愛網難出，生死根深，我們自己都掙不脫這個網，我們還談什麼廣度眾生，哪裡會有能力幫助親人和大眾解脫生死輪回呢？

阿誠聽到這裡說，祥翁，我這回真聽明白了，真正學佛，還是出家更好，當然我一下還不能作出決定，我還要仔細地理順一下。

祥翁說，出家是大事情，不能頭腦發熱，輕率決定。我並不輕易勸人出家，今天是觀察你有這個根器，也有這個福報和條件，覺得像你這麼有道根的小夥子，不出家太可惜了，這才說了以上的話。可出家就要真出家，不能出了家還牽牽掛掛地弄些俗事情，披上袈裟就要承擔如來家業，和尚是人天師表，絕不是個混飯吃的職業，出家如果不修行，還去爭名奪利，斂財獵色，飲酒食肉，或演說外道邪法，那就不如不出家，因為那樣會沾汙三寶形象，破壞信眾信心，那比俗人拆廟撕經罪過還大，要下無間地獄的，求升反墮，智者不為。

阿誠說，如今這樣的假出家人還真不少見，說實在的，我就是由於見到許多不如法的出家人，才對出家法產生動搖懷疑的。

祥翁說，我沒見過，不敢亂說。你現在還沒有出家，我提醒你，我們在家人不要輕易妄評和譏毀出家人，即使見到不如法如律的出家人，我們也要學會往道上會，不要起嗔念起分別，否則有過失。如今已入末法時代，僧團中混進一些敗類不稀奇，正因如此，有正信有大志的青年人才更該去出家，做暗夜之明燈，做中流之砥柱，從而使正法久住，功莫大焉。

阿誠說，不好意思，今天打擾先生這麼長時間，我還有個問題想請教。假如一個人要出家，是住大叢林好呢？還是住小廟好呢？據說還有游方僧，也有在城裡單獨住精舍的，到底哪種方式修行好呢？

祥翁說，初出家最好還是該住大叢林，大叢林能歷練人，修行人多，管理嚴，你只要能隨眾起倒，長期住下去，自然就會增益道心。而相比之下，小廟就差多了，小廟往往沒規矩，沒制約，外界干擾又多，不適合初出家的人，當然小廟中若有大善知識住持那是另一回事。

這就好比一顆樹如果長在樹林中，由於周圍有樹制約，自然挺直長成棟樑之材，而長在曠野上，東西南北風吹著，往往長得七扭八歪，看起來好看，卻做不得棟樑。不過大叢林也要看性質，一定要去道風純正的大叢林，如今有些名氣很大的寺院，已經成了旅遊區，人頭攢動，濁氣沖天，比市場還市場，根本就不適合修行證道。說到游方僧，雲水生涯，遍參諸山，隨緣度生，當然是一種很好的修行方式，不過不適合剛出家的青年僧人，初出家的新學最好要在大叢林多呆幾年，把規矩律儀學好，把功夫做上路，然後再游方行腳才好。

至於在寺外甚至城裡單獨住精舍，絕對不適合新戒青年僧人，那和在家居士有什麼兩樣？除非你是過來人，有大力量，大智慧，或者由於特殊因緣，否則不合適。如果一個出家人不適應寺中規矩，與其他僧人不能相處，住不了道場，不得已自己找房子住，那絕對危險。這種人如果再不甘寂寞或迫於生計，無證言證，充善知識，招搖惑眾，胡亂傳法，那就不僅自誤，更會害人了，你若出家，萬不可效仿此類行徑。

阿誠很真誠地向祥翁保證，說我決不辜負祥翁今天一番苦口婆心，我若出家，必做一個勇猛精進的合格僧人。

法緣相應，言談投機，不覺間過去了近兩個小時，阿誠起身告辭，祥翁祥婆留其吃了飯再走，阿誠說打擾先生這麼長時間已經很過份了，無論如何不肯再留下吃飯，說罷又要給祥翁頂禮，祥翁將其扶起，說我是在家居士，不接受別人頂禮，禮佛就好，於是阿誠虔誠禮佛，拜別而去。

看著阿誠消失在胡同盡頭，祥翁滿意地點點頭，是個弘法利生的好苗子。祥婆說，什麼人都不敢輕看，沒准什麼時候，這小夥子再上門，就是具足威儀的比丘師父了。

還真是這樣，祥翁祥婆山居這十幾年，已經有好幾個前來參訪的青年人後來都變成了出家人。當初祥子出家後，祥翁祥婆也一度動念要出家，祥翁為此請示皈依師父，老和尚說你最好暫時不要出家，你世間的法緣很盛，許多社會上的知識份子學佛出家要通過你這座橋樑，你有世間的經驗和方便，而且有些話從一個在家居士的口中說出來更合適一些。因此祥翁祥婆還做居士，祥翁深知自己功行淺薄，不敢積財置產，不營世間俗業，也不敢輕易外出充善知識，只是呆在山裡淡淡地活著，和外界並不多聯繫，偶爾有點感悟，就行點筆墨方便，寫出來畫出來，有人喜歡就隨緣發表流通，該來的人，不用招呼，他自己必能想辦法尋訪至此。人家來了，祥翁也沒有什麼奇特示人，只有幾句大實話而已。

演法的貓

許多年了，祥翁一直隱居在山裡，由於出版了幾本書，人們都知道他是佛門居士，便時常有人尋進山來對他進行參訪，他也隨緣和人家說說話，但決不張羅，決不多事。有不少道場和學校甚至企業，想請他外出講話弘法，他也不肯動。他說，在家居士，在家居士，在家居著把自己功夫看好了就行了，跑到外面忽悠什麼？也有大書商大畫商想為他出版圖書和畫作，想請他配合到處演講、辦畫展，簽名售書之類活動，他更不肯。甚至有些有關社團想請他加入，意欲封他個職位，他也執意不肯。對祥翁這種處世態度，有些人很讚歎，也有人不甚理解，覺得祥翁有能力有智慧就該出山廣度眾生，老這樣窩在山裡未免有點太保守太消極了，可無論大家怎樣評論他，祥翁還是不為所動。

其實祥翁並不消極，也不是為當隱士而當隱士，他其實很入世，沒有逃避生活的意思，他在山裡並沒有半點懈怠，他出了那麼多書那麼多畫就

是證明。他只是想儘量沉潛下來，做點真實的功夫。在他看來，生死是大事，不能真正死下心來是辦不好的。佛法是生命的最高學問，光靠腦子想、嘴巴喊、東奔西走是搞不通的。

學佛人要做真功夫，不僅要活得精彩，而且要死的瀟灑，沒有真實功夫是做不到的。湊熱鬧，趕時髦，追逐聲色熱衷於閃亮登場的人是摸不到生命的真消息的，佛法修行是寂寞之道。他要求自己做一個佛法真實的實踐者。當然他也毫不吝嗇，他不斷地把自己實踐中的感悟用盡可能生動活潑淺顯易懂的方式寫出來畫出來，隨緣與大眾分享。祥翁沒學問，也不想賣弄高深，他只講實話。他也怕自己言不究竟誤導世人，因此，他對於自己的作品一直保持低調，只講理，和讀者保持一種平等交流的關係，不敢居高臨下式地諄諄教導。

佛說廣度眾生，他覺得眾生只是一個自我而已，有自我便是眾生，沒有自我即非眾生，度眾生即是度己，一切話其實都是說給自己聽的。因此，他的書他的畫，只要人家沒找上門來，他一概不主動推薦。

其實一個人是否有人緣，並不在於他如何拋頭露面，如何交際應酬，而在於他的發心，發心廣大，便有廣大人緣，心地狹窄，自私自利，便沒有人緣。祥翁雖深居山中，他和這個世間人們的緣分還是蠻大的。他的書不做任何推廣促銷還是流傳出去不少，他的畫作也被大量複製陳列於很多道場和公共場所，儘管他從不摸電腦，可網路上還是有很多他的東西在流傳。看來，有時一個人該出點名你不想出名還不行。儘管祥翁對外不公開自己的地址，還是有靈通人士時常尋上門來。一傳十，十傳百，有時來訪的人竟讓他有點應接不暇，他也只好隨緣接待了。

這天午後，祥翁正在閉目養神，忽聽門外胡同一陣有節奏的鼓掌聲由遠而近，隨即門鈴響起，祥翁打開門一看，來了不少客人，差不多二十多

人左右，領隊的是阿林。客人們在阿林的指揮下，整齊地向祥翁行了九十度的鞠躬禮，一派訓練有素的樣子。祥翁很不習慣這種場面，趕忙還禮，請他們進屋。屋子太小，祥婆就拿來一些小凳子，好歹擠著坐下了。阿林對祥翁說，如今生態危機很嚴重，地球災難不斷，他們正參加一個念佛拯救危機的運動，祥翁打趣道，看出來了，你們一來，我這個屋子就發生了嚴重的生態危機了。一句話說得大家一齊笑了起來。

說起這個阿林，祥翁幾年前就認識了，他第一次到祥翁這裡來時還剛剛開始學佛。那時他說發心持誦地藏經，每日七遍。地藏經很長，在祥翁看來，即使一刻不停，按一般速度，讀誦七遍也要十幾個小時，那怎麼受得了呢？阿林說沒有問題，有佛力加持。祥翁說，學佛不是一朝一夕的事情，我不擔心你不精進，只擔心你精進過頭了。阿林說，祥翁放心，我有數，沒有問題。祥翁說，我擔心的就是你這個沒有問題。

據說從那時起不多久，阿林就到各地講課弘法去了，成了佛教的弘法人。他弘法的形式很多，有時組織講課，有時組織放生，還操辦素食館養老院，募捐救災也少不了他的身影。他弘法的內容也很雜，只要他覺得好的，無論佛家道家儒家養生家民間善人，一概弘揚。幾年來，他先後來看過祥翁幾次，每次都帶一大幫人，每次都有新名堂。記得有一次他拿了一疊宣傳資料給祥翁看，說韓國又出了一位大師，號召全世界進行和平運動。祥翁大概地翻了幾頁，對阿林說，國內的大師還不夠你忙的？又去摻和國外這種不著邊的事，我告訴你吧，當和平被弄成了運動，那離動亂就不遠了。這個世間的人就是喜歡湊熱鬧，有些人總想當救世主，那些期待大救星的人們總是被感動，被鼓勵，最終被利用，淪為人家的政治工具還不知道。

聚堆的魚兒最容易上網，聚群的人最容易受騙。聽了祥翁這話，阿林也和來人們一塊兒笑，可祥翁知道，想讓阿林這種活躍分子靜下心來不搞名堂是很不容易的。不久前，阿林還給祥翁掛電話，先誇了祥翁一頓是大菩薩，希望祥翁號召大家都念佛，消災轉變危機，說有上師說了，哪怕念一句佛也有很大功德。祥翁就笑，說我們經常念佛，這樣不可以嗎？阿林問每天念多少聲，祥翁說，沒記數。阿林說一定要記數，報數字給他，他再統一報到上師那裡。祥翁就苦笑不得，不知這些人搞什麼名堂，有些人總覺得自己是這個世界的中心。

不管怎麼說，阿林對祥翁還是很恭敬的，他曾和祥翁商量，說祥翁的書和現實相應，對社會有好處，他想發心勸募資金廣泛印贈流通祥翁的著作。祥翁沒有同意，祥翁說你自己若有閒錢助印我很高興，向別人勸募化緣決不可以。祥翁知道，什麼好事讓這位阿林一插手就過頭了，很容易變味走調。若讓阿林一張羅一忽悠，祥翁在人們眼裡就又成了什麼大師、救世主了，這很可怕。阿林特喜歡捧大師，他自己也很想當大師。祥翁也看清楚了，凡是經過阿林傾情追捧的大師，基本都是走馬燈式的過場人物，站不住的。

有一次和阿賢說到阿林，阿賢說阿林有熱情，有幹勁，有鼓動力，佛門多有一些這樣的人才，佛法就普及了，就興旺了。祥翁說是普及了，但不是佛法了。這樣的興旺，實際是發燒。阿賢又說，那該勸阿林出家。祥翁說不可，這種人不出家還好些，弄不出大事，他若出家不大可能真正安心辦道了生死，恐怕披上袈裟搖身一變就成了呼風喚雨的大師了。如果一個出家人沒有真修實證，抓不住佛法的實質，什麼佛家、道家、儒家、民間信仰攪在一起一股腦兒弘揚，那是會壞亂佛法的。這樣的出家人若多了，只會使佛法早滅。

佛法住世需要真修實證的人天眼目，而不是靠社會活動家。佛法的普及應該像春風化雨，潤物細無聲，不能靠搞虛張聲勢的運動。

其實阿林不是別有用心，他不貪財，也不亂搞男女關係，他只是喜歡熱鬧，喜歡炫耀，容易激動，把世間善法和出世間的佛法混為一團，自己見地不明又好為人師。他能幫助一個惡人改邪歸正，轉惡向善，卻無法讓一個善人走上真正的解脫道。最麻煩的是，他只是熱衷於教育開導別人，自己卻很難聽進別人的勸告和提醒。連他一向尊重的祥翁也拿他沒辦法。可阿林畢竟和祥翁有善緣，因此，每次見面祥翁都換著角度點化他。

說話間來客們各自就位，此時祥翁家裡有一隻貓跳到祥翁的座椅上，也一本正經地坐下了，阿林就去趕那貓，對那貓呵斥道，祥翁的座位你也敢坐呀？這一下讓祥翁找到了話題，祥翁說別趕它，這貓正在為我們說法呢！大家就笑。

祥翁把那貓抱在腿上坐下來，一邊撫摸那貓，一邊對大家介紹說，這本是只被人遺棄的小貓，自己找上門來的，這貓很懂得修行，它知道做貓苦，想下輩子做人，因此就賴在祥翁身邊不肯離去，鄰家有魚有肉，它也不去，寧肯跟著祥翁吃素。它每天在祥翁身邊轉，觀察學習祥翁的一舉一動。祥翁坐著，它也陪著坐；祥翁讀書寫字，它也煞有介事地跟著看，嘴裡還不時發出「妙，妙」的讚歎；祥翁在院裡經行，它也一步不離地在後邊跟著轉圈；有別的貓來約它出去玩，它不肯跟著走；曾有一隻漂亮的小女貓來追求它，它也不為所動；也有一批貓居士來請它外出弘法，說貓世界有麻煩了，產生危機了，希望它去廣度眾貓，拯救危機，建立一個美好的貓社會，它還是不肯外出。

這只貓知道自己修行還很不到位，下一輩子還沒有保證能得人身，它還有點自知之明，因此它不能離開祥翁去貓世界湊熱鬧，它懂得自己若想脫去貓皮換得人身，就必須對貓道產生厭離之心，親近人，念人，心無旁

鶩，一心專念。這只貓很清楚，自己若執著於什麼貓世界的幸福美滿，那叫貪戀世緣，難得超生，貓世界畢竟屬於畜生道，想把畜生道提升到很高的境界，改變貓在法界的地位那是根本不可能的，那只是一種癡心妄想，如果離開對人的繫念而熱衷於在貓群中誇誇其談，顯示學問，其結果不僅達不到廣度眾貓的目的，反而會被眾貓所度，染上更多的貓習氣難以自拔。即便自己有一定能力，能為貓世界做出一定貢獻，最終又能如何呢？一隻放不下對貓世界眷戀的貓，無論其德行多高，它的下一世肯定還是做貓，不過是一隻很有福報很有號召力的貓王而已。要知道，一隻上品上生的貓也根本沒法和一個下品下生的人相比，因為它不享受人權。

聽了祥翁的關於貓的幽默說法，大家都一邊笑，又一邊有所領悟，連同阿林在內，沒有人把這個僅僅當成笑話看。祥翁又對大家說，怎麼樣？這只貓是不是在向我們以身表法呀？我們從這只貓身上是不是可以領悟到念佛的道理啊？翻遍淨土五經，哪一部經告訴我們要念佛拯救什麼人道危機呀？佛一直在提醒我們，說我們這個人世間眾苦充滿，五痛五燒，應該厭離，求生淨土。佛告訴我們，整個三界，不僅包括三惡道，也包括人道，阿修羅道，甚至包括天道，都是不可靠的，說三界無安，猶如火宅，不可留戀，不可久住。三界中都是苦，不但苦是苦，所謂樂，其實也只是苦的一種暫時緩解而已，也是苦根，不可執著貪戀。

佛說人身難得，是由於得了人身就有了修行出離輪回的機會，其用意是要我們利用做人的機會抓緊修行，而不是要我們貪戀人身。佛要我們在人間廣修眾善，其用意是為了積累淨土資糧。對於修淨土法門的人來講，在世間所做的一切善行都一定要迴向淨土，執著世間則解脫無望。人天善法，不能等同佛法，更不能把佛法降格變成人天善法。就像我收養這只貓只是出於憐憫，隨緣度化，不能當寵物養，如果有寵愛之心，那叫念貓，

將來很可能墮落為貓身上的跳蚤。我們生活在人世間，當然應該斷惡止非，廣修眾善，隨緣勸化，但不可對人天善法產生執著，那是會障礙解脫的。佛法是寂靜之法，佛說修行人應該樂住阿蘭若處，阿蘭若處就是寂靜處，這樣才容易得真實的佛法好處。念佛人若整天聚眾湊熱鬧，那不叫念佛，那叫念人。如果一個人終生都這樣東跑西奔，做些花樣文章，搞些什麼偉大的佛教事業，那可就誤了性命大事啦！

祥翁拿貓做比喻，借題發揮的一番話，使來客們深受觸動，大家認識到了修行中的一些誤區。祥翁注意到，阿林這次也聽進去了。可祥翁知道，像阿林這種性格的人，想真正轉過彎來，真正謙下心來放下自我做功夫，恐怕不太容易。當然如果有一天，他真的做到這一點，那他就真了不起了，真的可能成為一代大德。

當然，祥翁在說話的時候，也時時在提醒自己，阿林是一面鏡子，包括來的這一些人，乃至整個世間相，都是自己修行中的一種境界而已。這麼多話，其實都是說給自己聽的。除了一個自我，實在沒有一個什麼叫做眾生的東西需要你去救度。

你在念誰

阿琳老太太八十多歲了，腿腳已經不靈活了，可她還是進山來見祥翁了，她有一件十分掛心的事，求祥翁幫忙開示。

阿琳說她學淨土法門，念佛很多年了，自己覺得應該算有點功夫，可她有個兒子實在讓她操心，不知道怎麼辦才好。祥翁問怎麼回事，阿琳說，她兒子今年五十多歲了，癡呆不能自理，她照顧了他一輩子，這些年念佛，她沒少為兒子回向，如今她老了，照顧不動了，為他念佛也沒有多少效果，實在放心不下，很是煩惱。

祥翁問阿琳，您兒子沒有其他人可以託付嗎？阿琳老太說，她還有個女兒，已經把她這個哥哥接走了，專門請了個保姆照料著，可她還是牽掛，心想如果自己撒手西去了，這個兒子可怎麼辦啊？再說這樣女兒也太累苦了。因此她想請祥翁給想個辦法。

祥翁一聽，不由長歎一聲，說可惜您老人家做了幾十年功夫，您念的那是阿彌陀佛嗎？您一直在念兒子啊！您這樣用心根本沒有希望往生西方見佛的，十有八九還要回來為兒子當牛做馬。您別覺得我這話不好聽，這是大實話，您這麼大年紀進山來不容易，我不說實話對不住您。

阿琳老太一聽祥翁這話，很是震驚：「我一直在念阿彌陀佛呀，我也至誠發過願要往生極樂世界的，您怎麼能說我在念兒子呢？」祥翁說，您發的是空願，並沒有真正的心行，您只念了個阿彌陀佛的名字，心中念念惦記關照的卻一直是您那個兒子，是不是？嘴上念的力量並不大，心中惦記的那個力量卻很大，您承認不承認？承認吧？這太可怕了。這個念念惦記牽掛的力量那是太大了，我給您打個比方吧，念佛法門就好比佛在山頂上給您扔下一條繩子，按理講您只要緊緊抓住這條繩子，佛在上邊拉，您再使勁往上爬，就一定可以到達山頂的，因此說萬人修萬人去，這沒有問題。可問題是您腰上還栓了一條繩子，這繩子的另一頭繫在你兒子這棵枯樹上，您想這個樣子您還有希望爬上山麼？這就叫牽掛，這就叫障礙，這就叫放不下。您如果用這個心去念佛，就是喊破喉嚨也沒法往生極樂世界的。佛在經中為什麼一再強調我們這裡是五濁惡世，強調人生種種痛苦，強調三界無安猶如火宅，強調世情的種種過患，就是讓我們放下，讓我們厭離，因為沒有出離心是不可能往生西方的呀。」

阿琳老太聽了祥翁這一席話，有所醒悟，可她還是放不下：「可那畢竟是我兒子啊，我也知道這是個討債鬼，我上輩子欠他的，我這輩子就是要還他債的，可不還能行嗎？」

祥翁說：「是的，人生是還債，可您這一生能把全部業債還清嗎？如果您能把全部業債還清了，您就成阿羅漢了，那就用不著念佛了。釋迦牟尼佛就是悲憫我們末世眾生業債深重，苦海難離，因此才大開方便之門，教給我們一個可以帶業往生的淨土念佛法門。

您想還債可以，您如果念佛成就了，然後乘願再來，廣度眾生，不僅你兒子的債能還，千生萬世欠九法界眾生的債都能還得了。您若自己不能成就，那您慢慢還吧，千生萬世也還不完。您對您兒子已經盡了全力了，對得起他了，您都這麼大年紀了，不大能動彈了，他不能為您盡孝，您能原諒他也就是了，還那麼牽牽掛掛幹什麼？

何況他也不是完全沒有依靠，不是還有他妹妹嗎？他妹妹照顧他也是理所應當的，這既是兄妹之情的表示，又是為母親分憂，這是一種孝悌之道，會為您女兒帶來福報，成為日後學佛的資糧。」

阿琳說：「可是我那兒子對我已經形成了依賴，他看不到我就煩惱不安，哇哇亂叫。」

祥翁說：「不要管他，您女兒不是也讓您不要管他而一心念佛嗎？那您女兒對您太好了，您就把他全部託付給您女兒好了，從此不要管他，慢慢他就安定了，您如果還放不下，隔三茬五還去看他，那他永遠不會安定，既障礙您念佛往生，也給您女兒添亂。我們學佛的人不能光拿好聽的話哄人，我必須提醒您老人家，生命只在一口氣之間，您終有離開他的那一天，只在早晚而已，你只當自己早死了幾天就是了，千萬不要再牽牽掛掛了，世間的俗情一定要放下，一心念佛求生極樂世界，不要再多想了，切記，切記！」

聽了祥翁一番語重心長的話，阿琳老太的心結終於完全解開了，臨行前她一再向祥翁鞠躬致謝，她說她從來沒有聽到這麼切中要害的開示，她念佛這麼多年，自以為很精進，如果不經祥翁點破，還根本不知道自己錯用了心，這次她真的放下了，再也沒有什麼掛礙了。

祥翁看得出來，阿琳真的聽懂了，真的放下了，從此一心念佛，沒有不成就的道理。祥翁也沒有忘記檢討一下自己，還有沒有什麼放不下的，如果在下一口氣死去，自己準備好了沒有？

念佛為什麼

阿武居士給祥翁拿來一張光碟，說是某某大居士關於念佛法門的講演，很感人，他想發心大量燒錄結緣。祥翁知道阿武學佛幾年了，跑了許多道場，學佛的邊還沒摸著，卻滿懷熱情要弘法利生，常常好心辦出糊塗事。於是祥翁問阿武，這個某某大居士的情況你瞭解嗎？阿武說他見過，原來辦過工廠，發過財，後來看了一位大法師的弘法光碟，就把工廠關門了，一心念佛，精進極了，念出很多殊勝境界，連他睡覺的石板上都長出了靈芝，他原來患有多種疾病，通過念佛都奇跡般地好了，還經常幫別人解除病苦，大法師很讚歎他，他現在常到各地作演講，聽了他的演講，許多本來不信佛的人都開始念佛了。他說他念佛好幾次見到佛菩薩現身，有一次見到阿彌陀佛，阿彌陀佛親口告訴他，說他這一生的使命是弘法利生。聽到這裡，祥翁就警覺起來，他把那光碟放到影碟機中播放，聽一段就跳過去，再聽一段再跳過去，內容很長，祥翁如此這般隨機抽揀聽了好

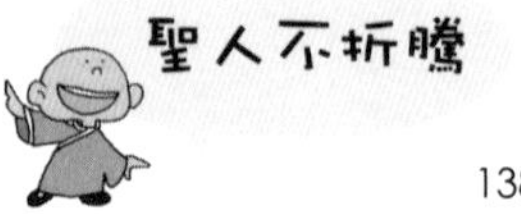

多段，然後關上機，對阿武說，這光碟不可以流通，會誤導人的。

阿武問，為什麼？

祥翁說，這張光碟知見不正，表面在弘揚佛法，事實上是鬼神精怪那一套，和前些年風行的氣功特異功能並無二致。

阿武一驚，怎麼能這麼講呢？

祥翁說，我從頭到尾翻揀了一遍，整張光碟十幾個小時，沒有一處講到西方極樂世界依正莊嚴，沒有講往生極樂世界的好處，也沒有講人生是苦，應該厭離世間，而是大談特談念佛有了什麼感應，出了什麼神通，見了什麼瑞象，避了什麼災，治好了什麼病，這和釋迦牟尼說法的本懷哪有半點相應？這和阿彌陀佛的本願哪有半點相應？

佛說念佛法門的要點，一個是說這個娑婆世界如何多苦多難，危脆不安，要我們生厭離心；第二個是說西方極樂世界如何莊嚴殊勝，不可思議，要我們發心往生於彼，強調信願行，正信、切願、實行。佛說要慈心不殺，孝養父母，修十善業等法，是為了積累福德資糧，回向極樂世界，而不是要我們留戀世間。

你看這張光碟不談這些，通篇只講念佛得功能得神通，消災免難，治病健身，這是十足的鬼神外道，如此用功，即使見到什麼佛菩薩顯相，也和阿彌陀佛的極樂世界全不相符，盡是魔怪幻化，這些世間執著心不去，命終必落鬼神魔怪之道。再說此人講話，一口一個師父如何如何說，從不提佛如何如何說，他心中只有師父沒有佛，念佛似乎也只是念某某師父的佛，事實上是念某某師父，這是典型的個人崇拜，個人迷信，難道說他只聽師父的話不讀佛經嗎？

阿武說，他還真是這樣的，他只信某某法師一個人，只聽他一個人的開示，他也不讀經，他說一句佛號就行了，用不著讀經典。

祥翁說，這大錯特錯。佛在世時，曾強調過，要依法不依人，依經不依教，依了義不依不了義，這就是說，如果一個人說的話和佛法不符合，無論他有多大的名氣，多高的權威，都要以佛法為准；後人的論述、教導，如果和佛經相背，無論他的書他的光碟如何動人，如何精彩，都要以佛說的經典為准；即使佛親口講的經典，也是對不同根機的眾生有不同的說法，有些是接引初機的方便，權宜的說法，和究竟的說法仍有差別，譬如說感應、說神通是為了增加信眾信心；說慈心不殺修十善業是為了積累福報資糧，不是最終目的；甚至說往生極樂世界也是對末世眾生開的一個大方便，最終的目的是要我們花開見佛悟無生。

佛說一切法的終極目的，是要我們開佛知見，悟佛知見，入佛知見。這些即便一般信眾暫時不懂，但說法的法師一定要講，如果一個人對佛的本懷沒有真實的領悟，那他是沒有資格說法做師父的。一個人自己用功不對，修行出點偏差還無大礙，可他若冒充善知識，好為人師，以盲引盲，錯傳佛法，惑亂人心，那是有極大過失的。如今有不少人，在世間貪功貪名貪利，學佛後功名之心沒去，不想了生死出輪回，只想當個超人，他們迷信大師，羨慕大師，自己也想當大師，一心想當個救世主，一呼百應受人膜拜，因而就誇海口，顯神異，炫耀能力，神化自己，樹立個人威信，以此達到攝受無知信眾的目的，這是應該警惕的。

對於一般人來講，學佛要深入，但決不能簡單化，庸俗化。對於修學淨土的人來講，這個一門，就是淨土念佛法門，這個深入，不僅單指一句佛號念到底，還要深入地瞭解淨土的宗旨，淨土的微妙義理，因此淨土的經典是不得不學的，否則便樹立不起正信，沒有正信，便發不起正願，發不起正願，就不可能有正行，行不在正確的方向上，出偏了，背道而馳，越快可能反而越麻煩，你說是不是這個道理？

阿武說，是這個道理，可我聽許多人講，正法時期，禪定成就，像法時期，持戒成就，末法時期，念佛成就，說我們現在時值末法，別的都不行，只有靠阿彌陀佛一句洪名得度生死。

祥翁說，這是一個籠統大概的說法，不是絕對。說正法時期禪定成就，是說在正法時期的一千年中，由禪定而開悟證果的人多；像法時期的一千年中，禪定能成就的人就少了，靠持戒嚴謹而成就的可能性更大；而末法時期的人業障深重，智慧陋劣，沒有幾個人能靠禪定開悟證果，甚至佛制定的戒律也沒有多少人能持守得好，那怎麼辦？大多數人只有依靠淨土念佛法門得度生死了。所謂正法時期一千年，像法時期一千年，末法時期一萬年，這也是大約的說法，不是絕對的，正法時期也有像法和末法。那些不解佛意只執佛言文句的便是像法，相似法；那些只知向佛求福求加持，貪圖神通和世間福報的便是末法，他沒有領會佛法嘛！像法時期也有正法，也有末法。那些深入禪定，持戒嚴謹，證入佛智佛見的人便是正法中人；那些不守戒律，盲修瞎練的便是末法中人。

同理，末法時期也有正法，也有人證道開悟，得佛微妙心印，只是這樣的人十分稀有，一般人很難見到。如果連一個開悟證道的人都沒有，那說明真正的佛法已經滅了，因為人天之眼沒有了嘛！沒有人知道佛法究竟是怎麼回事了嘛！末法時代也有像法，還有不少人能持戒精進，深入經藏，雖然沒有達到真證實悟，依然不失為佛的忠實弟子，算是虔誠的修行人，佛教的存在主要靠這些人撐起門面。如果佛教的中堅人物都不懂禪定為何物，不持戒律，不受持讀誦經典，都在那裡拉勢力，立山頭，亂說亂講，那佛法慘了，那就快滅了。

虛雲老和尚曾說，所謂末法，不是法末，實是人末。即使時值末法時期，只要你能深入經藏，深入禪修，精嚴持戒，精進念佛，那就是上根

人，在你這裡正法就存在。末法時期之所以淨土念佛法門流行，乃是由於末法時期的人大多障深慧淺，著相而求，有欲有念，只能方便導引。既然有求，那就求到極樂世界享大福吧；既然有念，那就念阿彌陀佛吧；既然著相，那就著個佛相吧；既然不解無生法，非生不可，那就往生吧，往生到極樂世界，阿彌陀佛再為你開示無生之法。淨土法門三根普被，這個沒錯，淨土九個品級，上中下根各色人等皆依自己所解所行的不同層次往生不同品級的淨土世界。

上上根人悟佛心宗，禪淨合一，淨穢心去，欣厭不生，生佛不二，能所雙泯，念而無念，生而無生，開大圓解，現證涅槃，便頓超九品，住常寂光淨土，和阿彌陀佛一個鼻孔出氣；上根人業盡情空，上善上德，福力所感，念佛為緣，生西方上品實報莊嚴土；中根人持戒嚴謹，誦經念佛精勤，世情淡薄，法喜充滿，以精進力，生西方中品——方便有餘土；下根人雖業力深重，多行不善，但臨終之前能蒙善知識開示，深自懺悔，發大誓願，求生淨土，真信真念，也可以信願力，十念往生，生於西方下品——凡聖同居土。

總而言之，證常寂光土者，主要靠智慧力，以見地勝；生莊嚴實報土者，主要靠福德力，以行持勝；生方便有餘土者，主要靠精進力，以功夫勝；生凡聖同居土者，主要靠信願力，以至誠勝。對比這些，你說那些念佛不求往生，更不求無生，只求神通功能，求順利，求消災，求無病，求現世現報的人算什麼呢？上上根人？上根人？中根人？還是算下根人？我看都算不上，只能算是下下根人，這種人是沒法往生的。

當然啦，哪怕散心念一句佛也得無量福報，為什麼呢？這一句佛號便和阿彌陀佛結下了法緣，種下了往生乃至成佛的種子，這個種子種下去，未來世或者許多世許多劫後再得了人身，還會學佛，因為這一世曾經念過

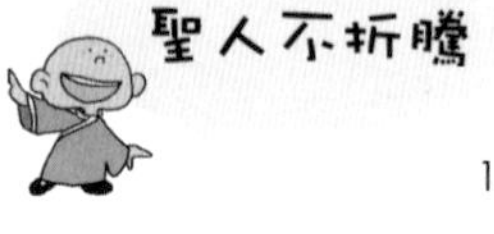

佛的緣故。既然將來有機會學佛成佛，這就算得了無量福報了，免除無量劫生死大罪。儘管如此，他們這一生終結，卻沒法往生得度啊！眼下還要受多生多劫的生死輪回之苦啊！當然這也比一句佛也不肯念的好，那是無根人，這裡就不談了。

阿武說，難道說念佛求祛病健身也不對嗎？不是經上也說阿彌陀佛是大醫王嗎？

祥翁說，阿彌陀佛的確是大醫王。什麼叫大醫王？因為阿彌陀佛是讓我們解脫生死輪回，醫治我們無量劫生死大病的。我們只想讓阿彌陀佛為我們驅除現世的病苦，那是把大醫王當成江湖郎中了。當然，念佛的確有驅除現世病苦、消災免難的功能，這個不用求也有，只要你信願念佛求往生，如果你此生世緣未盡，由於忘身忘我，佛力加持的緣故，病難反而更容易消除，但我們切不可求這個，如若在病難之時，求這個，這叫戀世戀身，絕對是障礙往生的。

如果你念了半天佛，既不能往生，命也沒能挽回，必然有許多人會說佛法不靈，以此謗法因緣，此人必招淪墜，豈不可憐！你如果致力於推行這種念佛求祛病健身的所謂佛法，客觀上是歪曲佛法，壞亂佛法，這個因果你擔得起麼？

阿武說，我還聽到一個說法，說佛法滅時，先是《楞嚴經》等經典陸續失傳消滅，剩下淨土經典，然後淨土五經又只剩下《阿彌陀經》，再接下來，《阿彌陀經》也滅了，只剩下阿彌陀佛一句佛號，當這句佛號也沒人念時，佛法就完全滅盡了。

祥翁說，這個沒錯，大致是這個順序，正因為如此，我們才需要讀誦受持原經原典，儘量保持佛法的原汁原味，深入領會佛法的精神實質，以維護佛法的長久住世。當然，對於連一句佛號也不肯念的無根人，能勸他

哪怕只念一句佛號也是大善之舉，無論他為什麼念，只要念一句就種下來世得度因緣。末法一萬年，現在才剛剛進入末法初期，起碼經典還存在，佛像還存在，出家僧寶還存在，如果我們不尊重這些，卻提倡不讀經典，不持戒律，只念一句佛號，那不是弘法，而是在加快滅法的進度，那是魔子魔孫的行徑。

停頓了一下，祥翁又接著說，佛法欲滅時，還有一些徵兆，那就是出家人少了，尤其男眾出家的更少，出家人也不肯真修行，僧衣也逐漸變白。因此有些人就說什麼，現在是末法時代了，出家也很難成就，不要出家了。也有的在家居士，自以為有點見地，便輕慢出家人，說什麼現在佛法不在出家人手裡，不讚歎出家法，這是一種非常錯誤的認識，這些說法對佛法的住世危害很大。

正確的做法是，只要我們有一定智慧和文化，就要盡可能讀誦大乘經典，悟上乘法，勤修戒定慧，廣修六度萬行，如果條件因緣具足，最好出家修行。出家是需要大福報的，但是既然出家，就要真正修行，做人天表率，功莫大焉。假若你出家不肯真修實行，不依經典，不守佛的律儀，又熱衷於冒充善知識亂說亂講，對信眾灌輸邪知邪見，身穿佛衣，卻又遠離僧團，標新立異，另搞一套，對在家信眾說僧團過患，說出家過失，動搖信眾對三寶的信心，正如佛所呵斥，那叫獅子身中蟲，自食獅子肉。這種邪見熾盛又好為人師的人，不出家還好些，如果這種人出家穿上僧裝，必對佛法造成嚴重破壞。

聽了祥翁一番話，阿武感到觸目驚心，他回想自己學佛這些年，迷信盲從，亂拜大師，被許多奇談怪論歪理邪說所籠罩，耳濡目染，不以為非，甚至他還真見過穿白衣的僧人，還以為是特立獨行得道高僧的標誌，對其另眼相看，頂禮膜拜。如今讓祥翁一番言語一一點破，方才認識到自已多年學佛，竟然根本沒有走上正路，現在想來，真是慚愧死了。

祥翁見阿武很自責難過，就好言安慰他。祥翁說，有錯不怕，就怕錯而不知錯，固執己見，聽不進勸導。誰能步步都對？若那樣還用修行麼？那就是佛了。修行修行，就是不斷地發現和修正自己不正確的思想和行為。這個世界是五濁惡世，尤其進入末法時期，邪師說法如恒河沙，因此在這個世間修行要謹慎再謹慎，各種陷阱漩渦和迷陣太多了。

可是這一切都不怕，只要你依據經典，能夠不斷地發現誤區，跳出漩渦，自然會大長智慧，成就道業。走過了彎路，才能更清楚地認識彎路，將來你道業有成說法度生，才會有更多方便，幫助別人走出誤區，步入正道，這就是久病成醫的道理。阿武又問祥翁，這光碟怎麼辦？祥翁說，不要推廣宣傳，也不必反對，此人未必惡意壞亂佛法，只是知見不正，比那些直接宣傳外道邪術、特異功能的所謂功法強一些，畢竟是勸人念佛，對那些從來不聞三寶名字的人們，能遇上這麼一個念佛法門，也算不錯了。

學佛是需要智慧福報的，福報不夠，想遇上個究竟法善知識也是很難的，遇上也不會相應。可是在已經信佛學佛的居士圈子裡，就大不該推廣這種東西，那會亂人心智障人道眼的。這就好比，對於饑民來說，殘湯剩飯垃圾食品也能保命，得了美食，垃圾食品就該捨棄。你今天既然在認知上超越了這張光碟，那就該捨棄它了，你如果拿不准，那就由我處理好了，很簡單，燒掉！

趣說宗與教

世界好像很小，緣分不可思議，這天祥翁家裡前腳後腳來了三群共十多個客人，他們來自不同的城市，有趣的是他們之間竟有好幾個人此前彼此認識，同一時空不期而遇，自然少不了一番感歎。北京的阿蓮，上海的阿紅，深圳的阿春，一個開茶館的，一個開素食館的，另一個是辦國學教育的，這三個地方都掛著祥翁的公益書畫，他們各自的圈子很多人都讀過祥翁的書。這些人可謂五湖四海，都是各行業的精英人物。屋子有點擠，以往人多時，一般都是先來的客人主動告辭，讓地方給後來的客人，可這天的三撥人彼此認識，又差不多同時到來，祥翁說大家擠著坐吧，這樣倒好，反正一個人也是說話，一百個人也是說話，只是我這裡簡陋窄迫，有點對不住大家。

阿蓮說：「祥翁的屋子實在太小了，其實我那裡有許多人想見祥翁，我一直不敢輕易帶人來，再說我們也不忍心祥翁接待受累，今天來的都是幾個緣分特別大的。」阿紅和阿春說他們的情況也是這樣。祥翁說：「再過幾個月就方便了，村南正在建設一座書院，快完工了，以後來人多了，可以到書院說話。」其實這些年來有好幾個人發心想把祥翁的房子擴建一下，祥翁一直不同意，他既然選擇了進山，就是想過一種比較安靜淡然的生活，可是一個人命裡有那麼多緣分也是擋不住的，祥翁也不是為了當什麼隱士才進山居住，他只是不想張揚不喜喧鬧而已。

他和外界基本不主動聯繫，也不邀請招呼任何人，可一旦有人找上門來，他還是會熱情接待，不讓任何人感到冷落和難堪。他想人家千里百度尋到山裡見自己一面，自然帶著一腔至誠，自己何德何能，哪裡有資格端架子呢？可是這樣一來，祥翁慘了，人多人少對他心態來說倒沒有什麼影響，可他的身體和嗓子吃不消，即使輕聲細語地說話，也架不住每天好幾個小時的車輪式會客，有兩次光說話就累倒了，醫生說耗氣太重，需要靜養。可這對於祥翁來說很難辦到，有人出主意說前邊安排人擋駕，來了人就說祥翁不在家。祥翁不同意，這不是打妄語麼？犯戒條的。有人說規定統一會客時間，不在會客時間段來的一律不見，祥翁說我們算個什麼東西？那麼大的派頭？還有人想把祥翁接走，到他們那裡清閒幾天，祥翁也不去，他躲進這麼深的山裡來還有這麼多人找上門來，到哪裡又能尋得個清淨呢？

哪個人身邊都有一大批人，其實只是換了個地方說話而已。輕易外出只會招來更多的人。曾有兩次，祥翁實在抵不住朋友的一再邀請，勉強外出說幾句話，結果可倒好，人們都向他要聯繫方式，祥翁又不好意思拒絕，後來這些人都陸陸續續找到山裡來了。因此祥翁一貫堅持不輕動的原則，決不攀緣多事，也不刻意拒絕。有時實在太累，也會在門上貼個紙條，說什麼時間不會客，可他知道沒大用，人上門了，他還是要接待。當

然來人都是滿腔誠意的君子，一般都比較自覺，見了紙條，本來想多呆一會兒的都儘量早點告辭。後來北大的阿卿老師他們發心在村南建一座書院，專門接待來祥翁這裡參訪的客人，這樣一來可以統一安排祥翁的會客時間，其它時間由書院安排交流活動，既護持了祥翁又方便了來客，這也是因緣時至，大勢所趨，祥翁也只有隨緣了。

大家各自找位置坐下，祥婆進來給大家倒茶，阿蓮說：「我來吧，這是我的專業。」祥翁笑道：「也是，阿蓮是茶藝專家，可惜在我這裡你的特長發揮不出來。」阿蓮知道祥翁這裡一切簡單，不講茶文化，祥翁的客人來自全國各地，各地名茶祥翁都有，可他就是沒功夫講究這些，修行辦道，要的就是個簡單樸素。再說，來祥翁這裡的人都想充分利用寶貴時間聽祥翁講話，心思都不在品茶上。祥翁的茶壺很大，杯子也是很大眾化的那種，阿蓮一一為大家倒了茶，祥翁不喝茶，他這些年一直喝白開水。

祥翁說：「大家不遠千里來此看我，我很感動，只是我不知道能為大家貢獻點什麼。」

阿春說：「祥翁就別客氣了，我們大家都是向您請法來的。」

祥翁就笑：「我這裡哪裡有什麼法？我就是因為沒法子才躲進這山裡頭喝涼水喘氣的。你們都是能做大事的人，個個還都這麼謙虛，這讓我很慚愧。」

阿春說：「應該慚愧的是我們，其實我們也很羡慕祥翁這種閑閑淡淡的生活，可我們畢竟是俗人，世間心放不下，還少不了自尋煩惱。我們身邊的人，大多都信佛，也沒少拜廟磕頭，東跑西跑，可佛法畢竟太高深了，想修行，可總是抓不住個要點，因此我們只能做一些國學傳播的基礎事情，從比較淺顯簡單的儒家文化做起。」

祥翁說：「這就很好了，說實話，我們現在的人，真懂得做人的也不多，更不要說學佛了。可若說淺顯和簡單，其實佛法才是最淺顯最簡單的，世人學佛不上手，就是由於千心萬心太複雜了。」

此時阿紅接上話，她說佛經很難懂，誦很多遍，也弄不清究竟說的是什麼。祥翁說，「其實釋迦牟尼佛當年講話是最樸實，最淺顯，最大眾化的，你看佛經裡那麼多故事，那麼多譬喻，和咱們日常聊天有什麼區別呢？可我們為什麼會覺得高深呢？第一，佛經從梵語翻譯成漢語，就有了第一層限制，表達力就會受一些影響；第二，翻譯過來的經典又放了兩千多年，我們自己的語言也發生了很大的變化，這就為我們今人的理解造成了一層更大的障礙。

打個比方說，我寫的書，大家公認最直白，最通俗，只要能識字的人都看得懂，是吧？咱假設一下，如果有人把我的書翻譯成英文，還可能這麼淺顯易懂麼？我那些詩歌還能保持這種韻味和節奏麼？肯定很難，甚至根本不可能。如果他們再把這種翻譯過去的本子放他兩千多年，不成天書才怪。甭說再放兩千年，就是現在有個人把我的著作英譯本再翻譯成中文，我想恐怕連我自己也搞不清是誰寫的書了。有許多簡單淺顯的東西就是這樣複雜深奧起來的。」

阿紅說：「是這樣，我們現在有些人學佛多年，東弄弄，西弄弄，始終找不到個得力的門徑，還有許多初學佛的人問我們，說佛法分那麼多宗，那麼多派，每個宗派都說他那個法門最殊勝，我們到底該學哪一宗哪一派呢？我們也說不上來。祥翁您今天能給我們開示一下，我們今天學佛學哪個宗派法門最合適麼？」

祥翁說：「這個不一定，每個人根器不一樣，機緣不一樣，恐怕今天來的人各自的生活背景和文化背景也是不一樣的，不能一概而論。既然你提到這個問題，這個問題又帶有很大的普遍性，那咱們就來談談佛教各宗各派的特徵和所適應的人群吧，或許對大家會有點參考作用。」

這個問題和在座的每個人都有關，因此大家都希望祥翁能詳細地談一談。

祥翁說：「佛教流派眾多，八萬四千法門，無非針對各種根基人群的方便施設，有多少種病就有多少種藥。每一味藥都是最靈驗的，這是對特定病症來講的；每個法門都是最殊勝的，這是對於特定人群來講的；宗教，分宗而教。有人強調佛法不是宗教，主要是考慮世人對宗教有諸多誤解，其實宗教這個詞彙還真是從佛法中來的。佛法大致可歸於兩大類，一類屬宗門，另一類屬教下。

宗門講究明心見性，以心傳心，以當下之靈明覺性直接契入佛心祖意。宗是根本的意思，主旨的意思，故而有宗旨一詞；宗又有歸依、歸向的意思。在《漢語大字典》中分明告訴，宗還特指佛教的派別，也指由同一本源所分出的流派，流派所出為宗。教下則是通過語言文字來闡述宗旨，通過教育的方法化導眾生，使之歸心達本，故而也稱為宗旨的教育，這叫借教悟宗。宗門重行，講究做功夫；教下重理，以言教為主，其根本的宗旨是一樣的。然而宗門也不光做功夫，宗門很重見地，只是不執著語言文字而已。教下也不是光口頭說說，也很講行持。沒有見地，沒有理論指導的功夫，那叫盲修瞎練；沒有功夫的支撐，光靠口頭說教，那只能造就一批誇誇其談的空頭理論家，得不到真實受用，更不要說證道了生死了。」

祥翁接著說：「目前中國流行的佛教宗派，主要有禪宗、淨土宗和密宗這三家，密宗原來分為唐密和藏密，後來唐密傳到日本，產生一些變化，有了另外一個名稱，叫東密，真正的唐密則逐漸失傳了。如今人們所稱的密宗主要指藏密，也稱藏傳佛教。除此之外，還有一種南傳佛教，流

行於緬甸、斯裡蘭卡等南亞國家，這種南傳佛教更接近釋迦牟尼佛最初所傳的原始佛教，這種南傳佛教近年來在中國也有一些傳播。這四種佛教宗派各有特色，禪宗簡捷痛快，單刀直入，直接契入佛之本懷，生而無生，在世出世，大承擔就是大解脫，生佛不二，輪回即涅槃，是最典型的大乘佛法。當然真正的大乘在於發心，其它的宗派也不見得是小乘，只是禪宗的大乘特色更顯著而已。

如果你自認為有一定悟性，有承擔精神，又不耐煩轉彎抹角，喜歡直來直去，那你就學禪好了。淨土宗乃是佛陀當年悲憫末世眾生障深慧淺，煩惱熾盛，而特別開示設立的一個特別方便法門，主張厭離此土，往生西方阿彌陀佛的極樂世界，先往生了再悟無生，然後再回入此土廣度眾生。淨土宗主張自力和他力相應，學人以信願行和念佛為自力，與阿彌陀佛接引的他力共同起作用，簡便易行，只是一般人很難生起決定信。

如果你對自證自悟沒有信心，而對阿彌陀佛大願大能大慈大悲能生起真實的信心，你也適合學淨土；如果你真切地感受到人生是苦，無所依靠，希望找到一個理想的去處，你適合學淨土；如果你自知業障深重，地獄現前，沒有能力和智慧自救，那你只能學淨土；如果你是上根利智，能解得淨土法門的微妙原理，能明瞭自他不二，往生即無生的微妙玄旨，那你更可以學淨土，這種人念佛不僅可以往生，也可以開悟證無生。

藏密則是借助特定的儀軌和口訣，借助具格上師的直接指導和加持，通過結壇、持咒和觀想作意等特殊的方式，和法界諸佛菩薩進行一種溝通和互動，從而達到現證涅槃、轉凡成聖的效果。如果你具備虔信素質，不怕複雜不怕吃苦，而且有幸得遇真正有證量的活佛大善知識，且能拜為上師，依教奉行，勇猛精進，至死不離不棄，那你就是學密宗的好人選。

南傳佛教則側重個人的解脫，重視禪定與內觀，如果你比較內向，對世間事物不感興趣，喜歡實惠，樂修禪定與內觀法門，又能得遇有關法緣教授師，你也可以修學南傳佛教。

「至於教下嘛，其實現代的佛教，宗和教已密不可分，宗中有教，教中有宗，如今已經沒有一個什麼叫教下的專門宗派了。可是這樣講好像也不符合事實，像如今各地搞了那麼多佛學院，儘管也是學禪、學淨、學密，可大多側重思辨和口頭功夫，一個勁在那裡讀，在那裡想，在那裡論，在那裡辯，大概這可以算是教下吧？如果你讀書有癮，喜歡動腦子，如果你嫌禪法沒理路，沒下手處，覺得西方極樂世界未必靠得住，看密宗行人太奇怪，看南傳佛教太消極，卻又對佛法教義感興趣，那你就適合學教，多學點理論武裝一下自己，弄幾項文憑裝點一下門面，可以成為一名法師或佛教學者，甚至可能成為佛教界的名流大腕，當個方丈住持或在佛學會弄個位置；如果你道心堅固，不為八風所動，不被名利所轉，能在高談闊論的當下不失自我覺照，那也很可能借教悟宗，由思維修，入不二門，真正成為通教又通宗的法門龍象，承擔如來家業，大化天下，廣度眾生。

「如果我這樣說大家還不十分清楚的話，我可以用譬如的辦法再說一下。佛當年開悟時發現了什麼？一句話就說明白了：「奇哉，一切眾生皆具如來智慧德相，只因妄想執著不能證得。」這就是說，眾生是由於太複雜了才不能成佛的，只要能簡單到家你就成佛了。這就好比我們喝水，就我們的天性來說，本來喝涼水就很好了，可是我們人類越來越複雜，越執著，先要把涼水燒開，認為這樣乾淨，結果我們的胃功能開始退化，後來要加糖、加醋、加鹽搞出各種味道來滿足口腹之欲，我們身體內的酸堿生態就被破壞了，再後來我們又想要加入各種植物葉子、果實以及各種名目的茶、果汁飲料和奇奇怪怪的化學合成營養水，這一來我們的身體機能就被徹底打亂了，於是各種病就產生了。我們想恢復最原始的狀態，怎麼辦？這就要重歸於簡單。

可是我們人類這種複雜的習性已經累積很久了，想簡單還真不容易做到。對於上上根基的人好辦一些，就直接了當地告訴他，把那些五花八門的添加物丟開，直接喝涼水就可以了，這個人當下就明白了，放下了，直接喝涼水了，他的病就好了，這就相當於禪法。正所謂「狂心頓歇，歇即菩提」，「但盡凡心，別無聖解」。可是人的智慧參差不齊，有些人不敢相信直接喝涼水就能治好病，他們迷信外在的力量，怎麼辦？有的醫生就埋一個管子，這一端弄一個很高級的水龍頭，另一端直接通到山泉，然後告訴這些病人，不要喝那些五花八門的飲料，我這裡有一種超級飲料，是最殊勝的聖者用不可思議神力輸送過來的，你每天就喝這個就行了，這些人就生起大信心，轉喝這種涼水，於是病也好了。這相當於淨土念佛法門，這涼水就是那一句佛號，這埋設管道的就是釋迦牟尼，這個未曾謀面被稱作聖者的就是阿彌陀佛。

又有一種人喜歡神奇，追求靈驗，平時被那些高價兜售神奇藥水的術士矇騙慣了，總認為最好的水一定最奇特、最昂貴，你賣便宜了他還不要。於是醫生便把那涼水用琉璃瓶裝了，外邊再包一層銀，再包一層金，再包一層緞，再包一層錦，最外面還要鑲嵌上各種寶石飾物，然後告訴這個病人，我這裡有祖傳的最秘密的、最神奇的、最高貴的甘露水，是世界還沒生成時佛留下的，你必須以至誠心，傾其所有財富來換取，否則是得不到的。於是這個病人便傾其所有，定期來購買這種經過層層包裝的涼水喝，結果病也好了，這就相當於密宗。

還有一種人，他們不像第一種人那樣有一點就通的悟性，不像第二種人那麼輕易相信外在力量，也不像第三種人那樣崇異好奇、花大頭錢，他們愛動腦子，凡事愛刨根問底弄個明白，對這種人醫生就要受累了，要很耐心地和他講道理，還要送許多資料供他研究，他要研究開水為什麼不如涼水，要一一研究各種添加劑的化學成分，還要研究人的體質和水的關係，等等等等，總之研究不完的課題，如果他幸運沒有早死的話，經過長年累月的精勤研究，終於有一天搞清楚了種種添加劑的禍患，明白了簡單的好處，由千心萬心回頭了，入了不二法門，改喝涼水了，那他的病也好了，這相當於教下。怎麼樣，這回聽明白了吧？」

聽了祥翁一番深入淺出的敘述，大家對佛教各宗各派的特點有了一定的瞭解，阿蓮說：「過去我們學佛，一直摸不著個頭緒，眉毛鬍子一把抓，東學學，西搞搞，抓不住個綱要，今天聽了祥翁一番話，茅塞頓開，我終於知道該怎麼辦了。」

阿春說：「我一直習慣思考動腦子，還誇誇其談地給人講授佛學，自己卻沒有多少真實受用，煩惱不斷，這下我知道自己的癥結所在了，謝謝祥翁。」

阿蓮又說：「修行學佛畢竟不是件容易事，即使找到了正確的路，在走的過程中還會有許多岔路，即使找到了對症的藥，怎麼用，什麼時間用，還有許多講究，是藥三分毒，有些好藥也有副作用，用不好也會致命，佛法也是如此，對於這一點，祥翁還有什麼想提醒我們的沒有？」

祥翁說：「這還的確是個問題，任何路都不是永遠筆直的，任何藥都不能當飯吃，佛法也是一樣。任何一個法門都是隨機隨時隨緣而施設，有所長必有所短，這其中有許多潛在的誤區必須注意。譬如說，禪宗講明心見性，見性成佛，怎麼才算真正的明心了，見性了，這在一般人來講，是極難區別的，真悟假悟，大悟小悟，天壤之別，沒有數是不行的。不能聽明白了幾句話就自以為悟道了，不能見一點門頭光影就以為見道了。

參禪人要有自信，但千萬不要落於自負；參禪人要有擔當精神，可這種擔當精神如果缺少了理性的省察，很容易落於自大，變成狂人。無證言證，無得言得，任意呵佛罵祖，或者以無為空，撥無因果，那是要落下大業障下地獄的。這就好比一個國家可能有很多人自稱是皇帝，是總統，可以肯定的說，這基本都是一些狂人瘋子。可你若把這些人全抓起來或槍斃掉也不行，因為這其中很可能有一個是真的。學禪也一樣，如今聲稱自己開悟得道的人太多了，有許多人已經魔入心腑，不可救藥了，真正開悟的人一般不會輕易標榜自己開悟，可在一些特定的場合他也毫不客氣，我們如果把這種大德也當成狂人，任意誹謗，那是要承擔很重的因果報應的。

再說淨土宗，學淨土的人一定要發願往生西方，不可貪戀現世福報，只要你貪戀世間，世情不斷，念佛只求身體健康，求事業順利，求家庭幸福，或者求江山永固，天下無災，那就不相應。

偶爾隨順一下世情可以，可如果你把這些當功課做，對世間生不起厭離心，那你臨終一定不可能往生西方極樂世界。另外，學淨土的人根性好，可也很容易落入迷信和個人崇拜的誤區，從而被一些狂人和野心家所控制、所利用。念佛法門儘管簡便易行，可也一定要有正見正信正願正行，《佛說阿彌陀經》和《無量壽經》十分重要，只要有條件，一定要認真學。再說密宗，剛才我說了，密宗用了很多包裝手段，你不能被這些包裝物所吸引而忽視了其中真正的寶貝，要知道，那些搖鈴打鼓、會供招請、見光見花乃至神通變化，都是手段，不是目的。很少有人能真正得到密法的真傳。

如果你只得到一個很精美的瓶子，卻沒有喝到其中的佛法之水，那對你生命的解脫是沒有任何意義的。如果你不知道什麼是方便，什麼是究竟，把外包裝的瓶子吃進肚子裡，那你很可能喪身失命的。這不是嚇唬

你。更不要說我們許多人是由於放不下酒肉，放不下男女情欲，或者想求功能當超人而跑到藏地盲求亂拜，尋找隨順自我習氣的理由，那我告訴你，你只要有這種動機，可以肯定你非弄出麻煩不可。再說南傳佛教，南傳佛教有一整套嚴密的修法次第，有個下手處，容易用上力，可它側重於個人的解脫，要得個大乘的圓滿見很難。因此被一些人說成是小乘，這種說法有爭議，其實在我看來，大乘小乘不在法門，而在於發心，如果這些人都沒有大乘的發心，南傳佛教又是什麼人傳續下去和推廣開來的呢？

發大乘心也不能空談大話，好高騖遠，如果你和南傳佛教有緣，不妨發大乘心，行小乘路。高處著眼，低處下腳，大處發心，小處觀心。其實你無論修學什麼法門，都需要一步一步細細做功夫的。再說教下，學佛的人最容易犯的毛病是語言相難破，執指為月，執理廢事，許多人往往學了一肚子經典理論就自以為會了佛法了，得了張照片就以為見到真人了，得了張路線圖就以為到達目的地了，背下一張方子就以為吃過藥了。

這當然沒有很大的過失，可畢竟耽誤自己法身慧命的真實成就，光這樣誇誇其談炫耀學問也很可能誤導和耽誤了別人，這可就不是小事情了。」稍事停頓，見大家意猶未盡，祥翁又說：「我再給大家做個譬喻吧，我們現在是在這山上說話，學佛好似登山，人在山下不同的方位，於是會面臨不同的路，這就是法緣。

可是你面前的路不一定適合你，你可能還要到別處尋找一條適合自己的路，這叫當機。機緣機緣，一要當機，一要隨緣，這都很重要。教下如同盤山路，比較安全，走起來也比較輕鬆少跌跟頭，但路程很遠；淨土如同山頂的阿彌陀佛給你扔下一條繩子，你只要死拽住這一頭的繩子不放手，上邊的佛在拉，你再腳蹬手刨地努力，就一定能上去；南傳佛教相當於一條羊腸小徑，別人踩出來的，你如果不怕寂寞，就順著這條小徑摸上

去，沒什麼大問題；密宗相當於懸崖絕壁上的路，較近卻很危險，你如果想走這條路一定要找到具格的過來人，找錯人就很麻煩，找對了你還得絕對聽話，讓你邁左腳你不能邁右腳，叫你爬著走你不能站著行，一腳踩錯就墮入深淵。而且你中途不能隨便退悔，更不能得罪上師，因為一旦沒有了上師的慈悲導引和細心呵護，你不但很難爬上去，想退回原地都很困難。」

「那麼禪宗又是什麼路呢？」阿春問。

祥翁說：「禪宗嘛，禪宗沒有路，沒有次第，禪宗行的是鳥道，不好懂是吧？說禪宗沒有路，是說沒有一定的路；說禪宗沒有次第，是說沒有固定的次第。鳥道是指沒有理路可尋，沒有痕跡。

禪宗行人要有大智慧，他知道山頂的方向，這樣才不會迷失，禪宗行人還要有好腳力，好身手，不光會走路，還會攀岩，遇到山澗還有能力跳躍過去，他時而走，時而攀爬，時而跳躍，時而直行，時而迂回，不循常規。這種走法充滿變數和危險，因此學禪需要有大根機大承擔的，可這種人一旦打過來，他就有能力指導各種根基的人。」

「那為什麼又有人講，本來成佛，不假修證呢？」阿春還是刨根問底。

「那是過來人的話。」祥翁笑了，「我剛才提醒過大家，我們現在是在山頂上說話。我們說了這麼多話，打了這麼多譬喻，都是戲論，其實我們已經在山頂上了，你只要真正知道了這個，當下承當不疑，自然放心沒事啦，怎麼樣？大家還有什麼問題嗎？」

「沒事了，沒事了，祥翁今天一番話這麼清楚，這麼明白，我們再牽牽掛掛囉囉嗦嗦就實在是下根業障鬼了。」阿紅說。

「今天真是大開眼界，滿載而歸了！」阿春歡喜地說。

阿紅故意白了阿春一眼，笑道：「又說糊塗話，你開了個什麼眼？你載了個什麼歸？分明無所得麼！」

阿蓮接上話茬：「有個無所得，那還是個得。」

聽著大家逗起了禪機，祥翁就笑，這些年輕人真不錯，令人歡喜，沒准過一些年頭這其中還真出一兩個大德高僧，那太好了，那是佛法之幸，眾生之福。

人性、神性與佛性

儒家講存心養性，道家講修心煉性，佛家講明心見性。同樣是論心性，提法卻不一樣，這不僅是由於表達語言的差別，同時也代表了三種見地上的不同境界，研究和實踐中國傳統文化的人必須對此有一個清晰的理解，不可混為一談。

儒家是講做人的道德規範的，儒家的一切說教都是站在人本位的層面上講話。儒家的存心養性，這個心性是指世俗層面的心性，這個心是後天的意識心，並非本來心，本來心是沒有個心可存的；這個性是指人性，佛性是空性，不可以言養，人性則可以培養。作為一個人來說，凡事能存一個好心，一個善良的心，培養出一種高尚的性格，那就很好了，不失為一位君子，一位紳士。

道家講修心煉性，這個心這個性是指神心神性，是在儒家存心養性基礎上的一種提升，經過一番修煉，使這心性更加純正，更加虛靈，從而達到脫殼飛升的目的，然而這心這性即使再純正，再虛靈，只要有心有性可修可煉，就不離妄想境界，因此即使成神成仙，也還是天地間的一個眾生，一個分子。這個分子可以長壽萬年，卻保不得永生不滅，能修出來的功德畢竟是有限的功德，這有限的功德必有耗盡的時日。

這個神仙即使能到太上老君那裡做客，到王母娘娘那裡喝酒，但他卻不是太上老君，也不是王母娘娘。在花果山的猴子們眼裡，那孫悟空升天了，成道了，卻不知道孫悟空在天上養馬，沒有什麼地位，還是有煩惱。當然神仙的境界比凡人還是高出很多很多。由於修煉程度的不同，神仙也有很多的層次，神仙、天仙、地仙、人仙不一而足，而民間那些常被傳得沸沸揚揚的「大仙」們，這些都夠不上，充其量是些鬼仙狐仙之類，由於它們為人時不懂存心養性，卻熱衷於盲修瞎煉，追求種種奇異境界，因而有功能沒德行，沒保住人身，墜入鬼趣和畜牲道，想和人交流時還要借助附體的辦法。

佛家講明心見性，這個心這個性不是人心人性，也不是神心神性，成佛的人沒有自我，這個心是本來心，這個性是佛性，這個本心佛性是空性的，是萬法之本體，是天地之靈根，它不可以眼見，不可以識知，更不可把捉，既不可存不可養，又不可修不可煉，只有放下一切妄想心、造作心、執著心、功德心、所得心，才能契入實相本體，歸真達源，不生不滅，實現生命的解脫和究竟圓滿，因此佛家講明心見性。其實說個明說個見已經多了，這個明是明白卻非知識的明白，是光明卻非有相的光明，這個見也不是肉眼所見。用幾個文字符號去表述一個形而上的概念，很難準確達意，卻也只能如此。

佛門四種人

從現象上看，我們似乎趕上了一個佛法大興的時代，各地寺廟林立，殿宇堂皇，各大名山人頭攢動，香火鼎盛，然而仔細觀察，這其中又有多少是在真心學佛呢？實在不敢樂觀。

一個真正學佛的人，首先對佛法應該有個正知正見，深信因果，樹立正信，進而皈依三寶，奉持五戒，乃至菩薩戒，若出家修行，還要奉持比丘戒。放下自我，放下五欲，放下妄想執著，乃至放下一切世間心，學著佛和歷代祖師大德的樣子，按照八正道的要求做人。勤修戒定慧，熄滅貪嗔癡，提升生命境界，以求究竟解脫生死輪回，這種人方才算得上是真正的學佛人，真正的佛弟子。

真正學佛，真正實踐佛法的人才可能從佛法中得到真實的好處，成為一個遠離煩惱纏縛、清淨自在的灑脫之人。這樣的人並不是很多的。許多自稱為佛弟子的人，其實際根本算不上學佛的，這其中大致可分為三種類

型，求佛的、賣佛的和研究佛的。這三種類型的人不能算真正的佛弟子，只能說和佛有緣，究竟是善緣還是惡緣還要看後邊的發展趨勢。

什麼是求佛的人？這種人實在太多，整個的佛教產業都是靠這些人支撐的，沒有這些人，各大名山道場會冷清許多，一些招搖走紅呼風喚雨的「大師」「活佛」也就沒有了市場。這些人不問仙佛神怪，見廟就拜，他們不怕花錢，也不問正邪，但求靈驗，希望佛菩薩能滿足他們現實生活中的種種欲望，有求財的，求名的，求順利的，求健康長壽的，求升學、升官、加薪的，求消災免禍的，甚至有求打贏官司的，求自己惡行不敗露的，總之無所不求。他們許多也熱衷於捐資修廟，贊助法會，助印經書，買生放生，往往花錢很多，收效甚微，為什麼？就是因為他們因地不真，發心不正，一切拜求和付出，都是要滿足一個自我。

這些人由於有種種欲求，因此極易受騙上當，被一些假大師假活佛假和尚牽著鼻子走，破了財卻免不了災，得不著福，甚至還可能招惹許多麻煩。殺盜淫妄酒樣樣放不下改不了，一切想靠磕幾個頭花幾個錢擺平，天下哪有這麼容易的事？

有人可能要說啦，佛菩薩不是有求必應嗎？有經典也講求財給財，求子送子，求平安保平安的，沒錯，經典上有這個說法，可佛的用意是先以欲鉤牽，後令入佛智。因為佛知道我們這個世界的眾生根器陋劣，個個都有欲有求，故而先適當滿足你一點要求，哄你高興，這樣你就有了親近之心，然後才可能聽進佛菩薩的教誨，斷惡修善，攝念淨心，只有如此，才有可能得到真實的福報受用，得到真實的解脫智慧，真正地改善我們的生命品質。

什麼叫賣佛的人呢？有些人不是從佛身上讀懂了人生的智慧，而是從佛身上發現了商機，找到謀生和發財的門路。所謂「宗教搭臺，經濟唱戲」的提法就赤裸裸地表達了這種唯利是圖的心態，可以想見，在這種指導思想下建設起來的寺院和佛教用品集散中心，怎麼可能起到淨化人心的作用呢？廣大信眾到了這種烏煙瘴氣的所謂道場，除了大把地燒錢，盲目地禮拜，他們又能得到什麼樣的佛法啟示呢？又能遇到什麼樣的大德善知識呢？這不叫三寶殿，這分明是三寶店，商店的店，賣佛的，靠佛蒙錢的，這種所謂佛教事業，分明是生事造業，這樣的寺院，分明是掛著佛教招牌的財神廟、鬼神廟，除了斂財，沒有別的。

一些不信宗教的人在辦宗教活動，會把人們教到哪裡去，這不是顯而易見的嗎？有些所謂「大師」、「活佛」為了斂財獵色四處招搖，廣招徒眾，蠱惑人心，動輒鼓吹自己如何如何有神通力，加持力，能加持弟子成佛或直接把弟子送到某佛國淨土中去，以救世者自居，大搞個人迷信個人崇拜，什麼信則得救，這哪裡還有半點佛法味道，完全成了鬼神外道了。

這些人有時也拿因果說事，可他們不談因果道理，只強調弟子們要信師父，要供養師父，說什麼不可對師父起疑心，生邪見，師父叫幹什麼就要幹什麼，如果違逆師父就會下無間地獄，以此恐嚇無知的信眾，使其俯首貼耳任己驅使。說是加持信眾發財，卻使信眾家財耗散，陷入窘境；說是為人消災免難，卻常使弟子陷入國法王難；高唱天堂佛國之曲，卻大開地獄之門，這種人對佛法破壞極大。

還有一些人，從事一些與佛教有關的職業，客觀上也只是賣佛為生的，自己還不知不覺，自以為有功德，比如有人覺得做世間生意是造惡業，就轉而經營佛店佛具，以為這就算是正業了，結果什麼佛菩薩、財神、大仙一股腦兒兜售，佛書、道書、占卜、算命、風水、手相、氣功秘笈一股腦兒推薦，造了惡業背了因果招了麻煩還不知警覺。有人書法繪畫技藝平平賣不上價錢，就轉而寫佛經畫佛像，利用人們對佛的敬重兜售自己拙劣的藝術，以求達到揚名謀利的目的，其實這種心態這種做法是功過相抵，根本談不上什麼功德的，由於販賣佛經佛像的過失，有時還會招致惡報，不可不慎。

有人出家不是為修行，而是謀求生活出路，這種人混進僧團只圖名聞利養，熱衷趕齋赴會做經懺，把出家當做一種職業，不僅自己解脫無望，還會極大破壞僧團形象，降低三寶威信。如不轉變心態真實修行，佛衣下失卻人身，豈不痛哉悲哉！有人讀了幾本佛書，自以為明白了點道理，既不出家，又不持戒，甚至有的連三皈依都沒有，就冒充大德善知識，搭衣持具，聚眾說法，賣弄學問，謀取錢財，美其名曰弘法度生，實在是不知佛門深淺，不知因果可怖，可憐可歎！

什麼是研究佛的人？有些人習慣用腦子，他們把佛法看成一門深奧的學問來研究，豈不知佛是大醫王，所謂佛法，乃是佛根據眾生的各種根基，開示的醫治眾生無量劫生死大病的藥方，這藥方是要你用的，不是要你研究的，你一輩子研究藥方卻不肯依方用藥，你的生死大病能治好嗎？靠腦子研究是永遠不可能成佛的。而一些人習慣了做學問，他們總在研究，在思考，在揣測，在考證什麼是真是偽，是否科學，你自己這麼做倒也罷了，只耽誤自己成佛，可有人膽子很大，自以為是，依一己之見妄加評判，說長道短，動輒以學術權威自居，主張什麼批判地吸收利用，宣導什麼佛教改革，佛教現代化云云，不解聖意，沒有真修實證，卻熱衷於這些名堂，一念之失，就會鑄就彌天大錯，成為千古罪人。可不慎乎？

有些學者，佛理不可謂不精通，知識不可謂不淵博，可他自己煩惱依舊，十足是一個俗人，受不得半點委屈，吃不得半點虧，職稱評不上，工資降一級，就會耿耿於懷，弄不好心臟病發作，甚至抑鬱症纏身不得解脫。

說食不飽肚，空談誤性命，佛法不是學問，不在文字，重在實行，研究佛法者，若一念回頭，放下我見，真修實證，即是法門龍象，成佛作祖有份，若一味咬文嚼字，那你就慢慢研究吧，曠劫不得解脫成就。

愛、大愛與慈悲

由於時下世人精神空虛，人與人之間關係冷漠，因此很多人呼喚愛，為了區別於世間的小情小愛，於是一個叫大愛的名詞誕生了，許多宗教家，慈善家都這樣講，佛門也這樣講，慈悲一詞講的卻少了。借用並隨順世間語，以提升世人境界，這固然是一片好心，可是這其中的一些微妙差別，若在見地上不搞清楚，很容易把佛法和世間法混為一團，並最終有意無意間淡化和消滅了佛法，因此有必要做一番梳理。

愛是俗世語，也是俗人的境界，一般指私人的情感。愛的對象一般都有特定的指向。我愛你你高興，我若愛別人你便嫉妒惱火；你愛我我喜歡，你若愛別人我便和你急，這種愛意味著一種佔有。愛某個人是如此，愛某件東西也是如此，這是一種貪執。愛極生恨，愛不成生煩惱，這種愛是煩惱之根，也是生死之根，是修行人應該戒除的。由於看到這種愛的過患，於是一些世間精英和宗教人士便試圖擴展世人的心胸，讓這個愛昇華

和淨化。孔子提出「仁者愛人」，這裡便是指愛一切人，這便是所謂大愛，而耶穌教等更是直接稱為大愛或博愛。這些提法都是以人為本的，這其中還有一種執著，那就是對人的執著，因此能夠昇華世間，卻不能夠出世間。

這種大愛境界的人，自然會積德行善、扶貧助學、敬老愛幼做很多好事，積累大量的福報，從而活得坦然，充滿喜樂，然而由於對人的執著，對於生命沒有整體的和更究竟的認識，生不起出離心，因此來世必然還會投生人間，充其量成為一個有大福報的人而已。即使他有更高的境界，也只能升天成為天人而已，若想解脫輪回，完成生命的究竟圓滿，那還是不行，大愛是人天境界。

慈悲則不然，慈悲是佛菩薩的境界，佛菩薩洞徹明瞭生命的真相，瞭解人世間僅僅是整個法界的一個層面而已，是六道中的一道，只是偏善的一道而已，人生是苦，並無可愛可樂之處，愛是根因，樂是苦根，因此佛法是宣導出離心的。當然佛法也講人身的可貴，說人身難得，那是因為得了人身才有機會聽聞佛法，其本意還是為了出離。不僅如此，佛菩薩還知道，一切有相，皆是虛妄，一切世間，皆是生滅，即使天人境界也無可樂著，也不該執取。

佛菩薩看一切世間，生生死死，輪轉不休，眾生流浪其間，全無主宰，於是心生悲憫，這就是慈悲心，慈悲是拔苦與樂，卻與愛無關。佛說無緣大慈，同體大悲，為什麼這麼講呢？佛菩薩是證道者，證到了萬法的空性，佛菩薩安住於實相，不與萬法為侶，不在世間，於眾生無有愛染，這種沒有愛染的慈，叫無緣大慈；佛菩薩了知一切萬法皆是空性的作用，不以萬法為礙，不離世間，知道眾生者非眾生，並非離開本體另有眾生，對眾生無有厭棄，這種全體承擔沒有分別的悲，叫同體大悲。可見慈悲和愛乃至大愛不是一個概念，慈悲是出世間法，愛與大愛是世間法，兩者不可同日而語。

為了更清楚地闡明這其間的差別，我們不妨降低一個層次打個譬喻。譬如說某人養了一隻狗，他特別喜歡這只狗，對其無微不至地關心照顧，而對其它狗卻漠不關心，這便是一種愛，這種愛可能會使這個人下一生投生做狗身上的跳蚤，因為他整日惦念狗嘛。而另一個人覺得只愛一隻狗心量未免太小，於是他把這種愛擴充到一切狗，他養了一批狗，對這許多狗極盡呵護之能事，這便是大愛，這個人來生還是要投生為狗，因為他的八識田中種滿了狗的影像，和前者不同的是他將成為一隻富貴而有號召力的狗，成為一大群狗的王。這裡用狗和人來類比不大好聽，但比較形象，好在如今很多人真的和狗稱兄道弟地打成一片了，想必不會在乎這種類比。

而慈悲則有本質的不同，慈悲是由於一個人認識到這些狗類太苦，太可憐，但由於它們的愚癡和痲木，對他們自己的可悲處境卻渾然不覺，對其進行說教他們也不懂，因此這個人心生悲憫，他收養了大批流浪狗，給它們餵食，為它們療傷治病，並想盡種種辦法啟發它們的靈性，希望他們轉生為人，他對狗類只是關心、盡心，卻沒有絲毫的愛染，這便是慈悲的境界。這個人能將許多狗度化為人，而他自己卻決不可能投生為狗。他知道即使一個下品下生的人也比一隻大富大貴的狗地位高很多，一個人能享受人權，狗卻不能。這樣一講，愛和慈悲的區別就顯而易見了。

當然，一個詞彙的意義只是人們約定俗成的一種共識，不同的人完全可以為其賦予另外的意義，第三種境界的人完全可以隨順世間人的意樂，用大愛一詞來表述慈悲，但有一個前提，那就是這人必須真正對慈悲的真意有透徹的理解，否則，慈悲就真的降格為大愛了，這樣一來，出世的佛法就會潛移默化地蛻變為世間法，這是個大問題。

假如達摩不是達摩
神光不是神光

佛法八萬四千法門，無非是對治方便，若說最直接、最究竟、最痛快、最簡單的法門，非祖師禪莫屬。祖師禪簡單到無一法可說，無一言可表，即使開口，也是一言中的，無絲毫葛藤，直指人心，見性成佛。你如果是那個根器，又對機對緣，成佛做祖那真是剎那之間的事。

祖師禪無理路，無次第，直截根源，可你必須是那個人。什麼人呢？上上根人。佛法分小乘、中乘、大乘，祖師禪超越了這三乘，祖師禪是最上乘。最上乘法當然是接上上根人的啦。六祖惠能不是說了嗎？我接上上根人。什麼叫上上根人？也就是已經過多生多劫修行的再來之人，如果在藏地來講，這種人那就叫活佛了。上上根人不一定是官職高、學問大的人，就如六祖，是個一字不識的樵夫，而且是個「獦獠」，即文明人眼中的野蠻之人。可六祖是上上根人，那些達官顯貴學者泰斗都比不了。上上根人什麼特徵呢？上上根人就是那種直下承當、就地放下的人。這種上上

根人世間不多見，可遇不可求，不是你打個廣告就能招呼來的。歷代祖師大德師徒之間都是有著多生多劫殊勝法緣的，如果是這個法緣，千裡萬裡也必然會感召遇上，不是這個法緣當面也會錯過，因此宗門下的歷代大祖師一般都不張揚，不張羅，不熱衷於搞那些轟轟烈烈的法事活動，他們一般都在山裡呆著，像姜太公一樣，直鉤釣魚，等著那個上上根人自己找上門來。

就拿我國的禪宗初祖達摩來說吧，他來到東土傳法，先應邀在一個大寺院開一次講座，他來了個無言說法，想通過這種靜默直接把大家帶進本地，可沒有一個能領會玄旨當下契入的人。達摩又應邀會見了國主樑武帝，梁武帝竟然問他，說自己修了那麼多廟，度了那麼多僧，有什麼功德。當聽說沒有什麼實際功德時，梁武帝大失所望。法緣不契，最感到大失所望的還是達摩。連當朝皇帝都只是這個水準，想通過折騰造作造出個佛來，這比法會上那一般想通過語言理論理出一個佛來沒什麼區別，都墮在妄想執著、思量分別的泥坑裡。達摩真的無話可說了，就一個人來到嵩山少林寺後邊的山洞裡面壁打坐，一坐九年，專門等他那個上上根的弟子。

後來二祖神光終於來了。為什麼神光來了，這裡就不必談了，因為他來了，所以他來了。一切都是因緣，沒什麼道理好講，如是如是，就是這樣。是這個人，就一定會來。過去世種過這個因，發過這個願，今生就一定會有這個緣。

神光不是個剛入佛門的初機學人，他已經出家修學多年了，入海算沙的教理學了很多，磨磚成鏡的功夫也做了不少，可生死大事還是沒有摸到個頭緒，晚上還會做惡夢，心還是不能安。達摩在洞裡坐著，神光在外邊站著，很多日子，他就在外邊這麼站著，一動也不動，大雪沒膝，他也不移動。學習善知識，就得有這個至誠之心。若以輕心慢心探奇摸底的心去參訪善知識，不但得不到真實好處，有時還會有過失、落業障。

可即使神光這麼虔誠，達摩還是不理不睬，這樣默默觀察了很多日子，見神光還沒有退悔的意思，這才回過頭來問他來此幹什麼？神光說他想拜師學法。沒想到達摩對他的誠心還是不滿意，但見他大眼一瞪：「拜師？拜師學法就這麼容易嗎？你拿什麼見面禮來供養師父？你這樣木呆呆地在這裡站了幾天就想成為我的弟子，天下有這麼便宜的事嗎？」達摩這是在進一步勘測神光的道心和誠意，他深知，對方如果真是自己的弟子，必然對自己具足信心，任你怎麼苛刻嚴厲地對待他、要求他，他也不會起分別，更不會被嚇跑。如果他起分別了，嚇跑了，那就不是你真正的弟子，也不可能真正在你這裡得到法益。

要說這神光也真不含糊，但見他拿起戒刀，眉頭都不皺一下，把左胳膊就切下來了。他把這只切下的胳膊恭恭敬敬地遞向達摩：「弟子是出家人，沒有錢財，就把這只胳膊供養師父吧！」這真是為法忘軀呀，若是一般庸常之輩，有誰會有這麼決絕的舉動呢？這叫真正的供養，身口意供養。

拜師不是小事情啊，尤其是拜師學佛，那是要解決無量劫生死大事，這是要大供養的。拜師不敬師，不僅無益，反而有害。有些人盲目拜師求法，今天拜一個師父，明天拜一個師父，信誓旦旦，隨後不久就把師父忘到腦後了。更有甚者，隨意違逆師父，誹謗師父，豈不知那是要落大麻煩的。若師父真是位大德善知識，必有護法神護法，那你慘了，這些護法神是會和你過不去的；若師父不是大德善知識，那你也慘了，他自己會和你過不去的，他可能咒你讓你不死也脫層皮。如今也有些人，輕易說什麼身

口意供養，其實都是空話。真正的身口意供養是任打任罵任驅使而心不起邪見，視師如佛，一切都往道上會，並時刻不忘思維讚歎師父功德的。如果做不到這些，不妨多觀望考察一番，不要輕易拜師。

達摩見神光如此表現，就換了一副和顏悅色的面孔說：「看來你小子還有點道心，那你想在為師這裡求到什麼呢？」神光說：「弟子心不得安，想求師父為弟子安心。」達摩說：「你把心拿來，我給你安。」神光找了半天卻找不到心在哪裡，於是只好老老實實地說：「找了半天，找不到一個什麼叫心的東西。」達摩說：「這就得了，我已經為你把心安好了。」於是神光豁然大悟。以此因緣，神光便成了東土禪宗的第二代大祖師。

祖師禪就是這麼簡單，這麼痛快，這麼直接。神光是什麼人？神光出家以前是一位將軍，當然這是後人的一種說法，咱這裡是表法說理，事實如何暫不必較真。古時候的將軍，不是像如今的將軍，在千里萬裡外的地圖面前，叼著雪茄煙，喝著人頭馬，斯斯文文地在檔上畫個圈簽個名，一個伊拉克國家就平了，這個將軍還像個沒事人一樣，晚上連個惡夢都不做，不到大限到來閻王老子都拿他沒法。古時候的將軍那是真刀真槍在沙場上拼殺出來的，那是刀刀見血呀。神光大概就是由於殺業太重心中嚴重不安，這才放下屠刀出家修行尋求解脫來的。神光在修行的過程中，這些慘烈的景象總在腦海裡揮之不去，用盡各種方法疏導對治都不管用，結果遇到這位達摩大師，一言半句就把他的所有不安一掃而光。為什麼不安？那是由於有業障。業為什麼會形成障？那是由於心不空。心若空淨了，業障也就消除了。起心則造業，有心則有業，無心了，便業盡情空。經中不是有話麼？若人真懺悔，端坐觀實相，業障如朝露，慧日能消除。永嘉玄覺禪師的證道歌中有言：「證實相，無人法，剎那滅卻阿鼻業」，「了即

業障本來空，不了還須還宿債」。佛法的根本就在這裡，明心見性，見性成佛，萬法由心造，罪由業生，業由心起，心若不起，罪業何狀？由此可見，放下屠刀，立地成佛，這個道理是成立的，二祖神光就是明證。

可話是這麼說，理也是這麼個理，可你必須真看破，真參透，直下承當，就地放下才行，有一點疑惑都不行。人家神光聽達摩這麼一點，當下就放下了一切心，赤裸裸就地出家了。古往今來，像神光大師這樣的人有幾個呢？因此說，這種頓超現證的祖師禪真不是一般人學得了的，這正如《金剛經》中所說，這種人決不是一佛二佛三四五佛種諸善根，乃是經由無量佛所種諸善根。如果當年的二祖神光見到的不是達摩，而是其他一個什麼「大師」，那情形又會怎麼樣呢？我們不妨假設一下：

神光聽說少林寺後邊山洞住了一位大師，便不遠千里前來參訪，為表誠意，立雪終日，如如不動，大師感其誠，回頭問他：「來此做什麼？」

神光說：「慕大師高風，弟子特來拜師求法。」

「大師」說：「你這個呆子，拜師求法乃天大的事情，你光這麼傻站著，就是站到死又有什麼用？想拜師，你帶來什麼做供養？」

神光說：「弟子是出家人，向來不積錢財，願以身口意供養師父」，說著揮刀切下胳膊遞到「大師」面前。

「大師」見狀，悚然心驚，哇！來了個亡命之徒。表面上不動聲色：「看來你小子還有點道心，那我問你，想求我幫你做什麼？」

神光說：「弟子修學佛法多年，功夫不上路，心不能安，望師父幫我安心。」

「大師」心想，看這小子操刀切下自己胳膊，像切蘿蔔一樣，眼都不眨一下，又那麼熟練麻利，想必過去不是江洋大盜也與黑社會有關，決不是善茬。於是「大師」說：「業力呀！你出家前是幹什麼的？」

神光說：「弟子行伍出身，曾做過將軍。」

「大師」說：「殺過人吧？」

神光說：「那是當然，不是殺敵勇猛，立下戰功，怎麼能當上將軍呢？」

「大師」說：「那你慘了，殺生是大罪呀，何況你是殺人，又殺了那麼多，你想，那麼多亡靈向你索命討債，你怎麼會安心學道呢？幸虧你今天遇上我，你若不遇上我，再這麼盲修瞎練下去，非下地獄不可。」

神光聽了「大師」的話，心越發不安了，甚至感到恐怖，趕緊跪下請「大師」進一步開示，「大師」心中暗喜，這個年輕人儀表堂堂，武藝高強，若收到座下，可是個大護法，就沒人敢惹我了。

於是「大師」說：「像你這樣業力深重的人，哪有資格參禪打坐，你趕快下山多化點緣來，師父為你做幾場法事，超度超度亡靈，你好好跟著師父，不要離開師父，有師父加持，或許你還有希望。」於是神光就成不了二祖了，只能成為這位「大師」的走卒，任其驅使。這是一種假設。

再一種假設是，神光遇到一個很慈悲有修行但沒有真實開悟的「大師」，「大師」會說：「像你這樣殺業深重的人，就不要打什麼妄想了，禪法是你這樣的人能學得了的嗎？什麼明心見性，見性成佛，那是你這樣的人敢想的嗎？你可以在廟裡供養一兩場法會，超度一下亡靈，使勁念個幾百遍幾千遍《地藏經》，多磕頭拜懺，再一心專念阿彌陀佛，帶業求生西方極樂世界，這才有解脫的希望，哪怕能得個下品下生也好。」

這個「大師」應該說挺好，只是不算明眼人，不識法器。神光若遇上這麼一個「師父」，那他的自信心就被打沒了，不僅心不能安，反而更加著急上火，每天火急火燎地誦經念佛，計數，趕進度，直念得面色發青，嘴上起泡，能否真正得生淨土且不談，一代禪宗大祖師算是被扼殺了。

所以說，明眼大善知識那是太重要了，這世上只要還有這麼一個人，人天便有眼，佛法就真實存在，如果沒有這個人，佛法就不能究竟，人天之眼就關閉了。沒有人能夠證無生了，只能退而求其次，求往生。如果連教你往生的師父也沒有，那就只好念佛求長壽求身體好，求風調雨順，求世界太平，弄點世間法，積點人天福報，或者乾脆使勁去賺錢供養一兩位大師活佛，把命根交給人家加持擺佈，命終之時隨人家把你扔到哪個什麼淨土世界去，聽天由命吧！如今這樣有功能有神通的大師據說挺多的，真假搞不清楚。

像神光這樣的龍象之材，若遇不上像達摩這樣的大善知識，也沒法真實成就，可光有達摩，沒有像神光這樣的上上根人，也不行，禪法也傳不下去。咱再假設一下，當年達摩面壁，等來的不是神光，也不是一個正氣堂堂將軍出身的人，而是一個打架鬥毆江湖混混出身的某甲，那又會是怎麼一種情形呢？

話說某甲聽說嵩山少林寺後山洞裡有一位大師高僧在閉關，心生傾慕，便不遠千里前來求師，見達摩大師端坐，不敢輕擾，便發狠立雪表誠心，數日不動。達摩感其誠，回身問道：「什麼人，來此作甚？」

某甲一合掌：「弟子某甲，傾慕大師，特來拜師求法。」達摩道：「無上菩提，豈是以輕心慢心執著心可輕易求取？」

某甲一聽，把袖子一捋，露出滿臂刺青，然後操起佩劍，眉毛不眨一下，便切下胳膊，血淋淋遞到達摩面前：「弟子沒有錢財，只有這個供養師父，不成敬意。」

達摩說：「你小子有種，看來還算誠心，你想求什麼？」

某甲說：「弟子心有不安，求師父為弟子安心。」

達摩說：「將心拿來，我為你安。」

某甲愣怔半晌，說：「弟子愚昧，不知心在哪裡，找不著。」

達摩說：「我已經為你安好了。」

某甲一愣：「這就安好了？安在哪裡？」

達摩見他不懂，便揮揮手：「去吧，去吧！」

某甲很惱火：「某甲一片誠心前來求法，不想遇上你這個大騙子，竟然拿兩句空話哄我。」達摩見其不可理喻，便轉回身繼續面壁打坐。某甲知道自己不是達摩的對手，便撿起那只胳膊下山尋找當年那些小兄弟去了。

這是江湖版的某甲見達摩，適合拍功夫片。事實上達摩不可能這麼處理這個某甲的，達摩是大善知識，當然很容易識別來人的根機。他從某甲那一臉戾氣中就會知道這只是個下下根的業障鬼了。

小根草經不住大雨，對下根人莫演上乘法。對某甲這種人，既然找上門來，又有誠心，達摩當然也會廣行方便，慈悲攝受。達摩也可能對其曉之三途路險、人身難得之理，教他如何敬佛敬師，如何至誠供養禮拜，如何持誦《地藏經》，如何懺悔業障，如何念佛求生淨土。

如今時值末法，眾生慧根退化，業重福薄，堪受最上乘禪法的上根人實在不多，真正明眼具格的大善知識更是難值難遇。做為一般佛教信眾，既然參禪摸不著路頭，參訪找不到明師，持律抵不住誘惑，看不住念頭，學密也沒有機會遇到和親近具格的上師活佛，盲目投師弄不好還會受騙上當，自招淪墜，與其東奔西跑，還不如索性靜下心來，好好檢點自己的過失，多誦誦《地藏經》，懺悔業障，多讀讀大乘經典，依教奉行，在這個基礎上老實念佛，至誠發願求生西方極樂世界，比較穩妥。不要去追風趕潮湊熱鬧，真正的大善知識未必是那些一呼百應的名流，未必會在聚光燈下招搖，他們很可能像達摩一樣躲在某處歇心打坐。當然躲在山林中的也未必都是大善知識。

真正的大善知識是可遇而不可求，你如果發心純正，真修實行，以此福報，像神光那樣，得遇明師，那是你的幸運。如果你發心不正，多欲多求，即便踏破鐵鞋你也找不到大善知識，即使遇到也會當面錯過，就像前面說的某甲那樣，不但得不到半點益處，還可能由於一念之差，造下極深重的罪業，豈不可憐！

當下不是現在

禪門的人喜歡說活在當下，什麼是當下？這是個大問題，許多人把當下作現在解，這是錯誤的。有人做開示，要我們活在當下這一刻，若說做功夫，勉強說得過去，若論見性，根本不著邊，當下並沒有一刻可得，當下一刻，仍是滯著。

正是由於把當下作現在解的錯誤認識，不僅耽誤了千千萬萬的禪子開悟證道，甚至被一些世間人拿來作為醉生夢死的理由。有些人紙醉金迷，放縱身心，追求種種感官刺激，卻以此為灑脫，說什麼過去的過去了，追不回來了，未來的還沒來，也不敢指望，因此要把握現在，活在當下，今朝有酒今朝醉，哪管明天是與非，這豈不成了魔鬼理論？

那麼到底什麼是當下？譬如講你們幾位今天到這裡來，各有各的問題，各有各的煩惱，因此才來這裡想討個解脫煩惱的辦法，是不是？那好，那我問問大家，你們為什麼煩惱？這位說啦，前天發生了一件噁心事，至今揮之不去，所以煩惱。那前天過去了，無論發生過什麼事情，都過去了，了不可得，你卻活在前天，活錯了地方了。

那位說啦，聽說明天要發生什麼事情，我心中沒底，所以煩惱。明天還沒有到，明天的事情是否像你們想像的那樣發生，還是個未知數，你卻在為一個未知未到的虛妄事件煩惱，你活在未來，活錯了地方了。這位又說了，我現在就覺得彆扭。那不禁要問了，現在是個什麼東西？兩小時前你們在臺北，已經過去了；一小時前你們在路上，過去了；剛才你們在門口敲門，也過去了；眼下你們各自坐在這裡，聽我瞎侃，我沒開口是未來，開了口就成為過去，每一句話，每一個動作，一發生就成為過去，像空中雨，像水上畫，不可把捉，剎那剎那都留不住，哪裡有一個現在可得？現在是一個假像，不可以執著，這就叫過去心不可得，未來心不可得，現在心也不可得。活在過去是掛礙，活在未來是妄想，活在現在是執著。那位又要說啦，我看到你那個樣子就覺得不舒服。

那麼我問你，我這個樣子與你有什麼關係？怎麼會影響你的心情？這說明你的心念跑出來了，你不活在你自己那裡，跑到外邊幹什麼？你活在外邊，又活錯地方了。那位又要說啦，我自己不舒服，裡邊難受。那麼我問你，哪個是自己？哪個是裡邊？哪個細胞？哪個關節？哪個部位？你找找呀，分明找不到一個裡邊，說不上哪個細胞，哪個關節，哪個部位會難受，會煩惱，這說明內裡也不可得，你活在一個虛妄的內裡，又活錯地方了。這位又說啦，人家點著名罵我，我能不煩惱麼？那我告訴你，你那名字是你爸爸媽媽給你起的，他只是個符號而已，並不是你，你完全可以被喚作任何一個名字，你怎麼就把這個假名認作自我了呢？你活在假名，又活錯地方了。

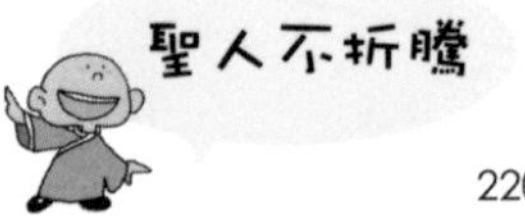

好了，我現在來總結，不活在過去，不活在現在，不活在未來，不活在外，不活在內，也不活在假名，這叫三際托空、能所雙泯、假名不住，這就是當下，就活在這個當下。這個當下沒有處所，也不是斷滅，不是死亡，看看諸位，個個面帶微笑，舉手投足無不自在，沒有煩惱，沒有掛礙，沒有覺，也沒有迷，沒有你也沒有我，活潑潑，灑落落，一屋子活佛，是不是？活在這個當下，就是當下解脫，就是當下成佛。這就叫無所住而生其心。這個心不著三際，不著能所，不落有無，無生而生，明白了吧？

那好，我再問諸位，剛才還說有煩惱，眼下還有煩惱沒有？沒有了，那煩惱哪去了？沒有哪裡去。滅了嗎？沒有個什麼東西滅。那剛才的煩惱從哪裡生出來的？沒有個生的地方，沒有個來處。既然沒有生處，沒有滅處，沒有來處，沒有去處，那剛才的煩惱是個什麼？不是個什麼，只是個妄想分別而已。既然是妄想分別，就沒有任何實質，可見煩惱本空。煩惱性即空性，菩提也是空性。對了，你們比我聰明，煩惱即菩提，不是什麼把煩惱轉化成菩提，把煩惱轉化成菩提就是把煩惱當成了實有，也把菩提當成了一個東西，這都是不見性。執煩惱為實有，執菩提為可得，那你就慢慢修，慢慢轉吧，三大阿僧祇劫不得成佛。煩惱不斷而斷，菩提無得而得，佛道無成而成，怎麼樣，明白了吧？這就是直指人心，見性成佛，沒那麼多囉囉嗦嗦的。

怎麼樣？痛快了吧？沒事了吧？就這麼簡單。禪法就是這麼簡單，當下覺悟，當下承擔，這就是上根利智之人。你若有疑，若存若亡，似懂非懂，那就是中根之人，那你就去持誦《金剛經》好了，持誦久了，就會發明心地。你若聽了上述直指仍不辨就裡，茫然無措，那你就是下根鈍根之人了，那你就去念一千遍《地藏經》懺悔業障，或再磕十萬個大頭，再念

十萬遍咒吧。無生你悟不到，那你就求往生吧，勤念佛號，見了阿彌陀佛，阿彌陀佛再給你講無生。如果你還覺得許多問題搞不清楚，那你就是一個習慣於動腦子的人，那你就有的忙了，先學次第廣論，再學天臺唯識，然後再學華嚴，三藏十二部經論，慢慢研究吧。

你們笑，是有些好笑，眾生心太複雜了，佛只好也弄許多複雜的法來一一對治。其實哪裡有那麼多事呢？禪是佛的心法，是最上乘法，最上乘法就是最簡單的法。最簡單的法，不是說，不是不說，不是懂，不是不懂，你們若說佛有所說法，是為謗佛，若說佛沒有說法，也是謗佛，你們若說得了什麼，那是妄語；你們若說今天沒得什麼，也是妄語。皆大歡喜，歸無所得，即是真得，就是這樣。

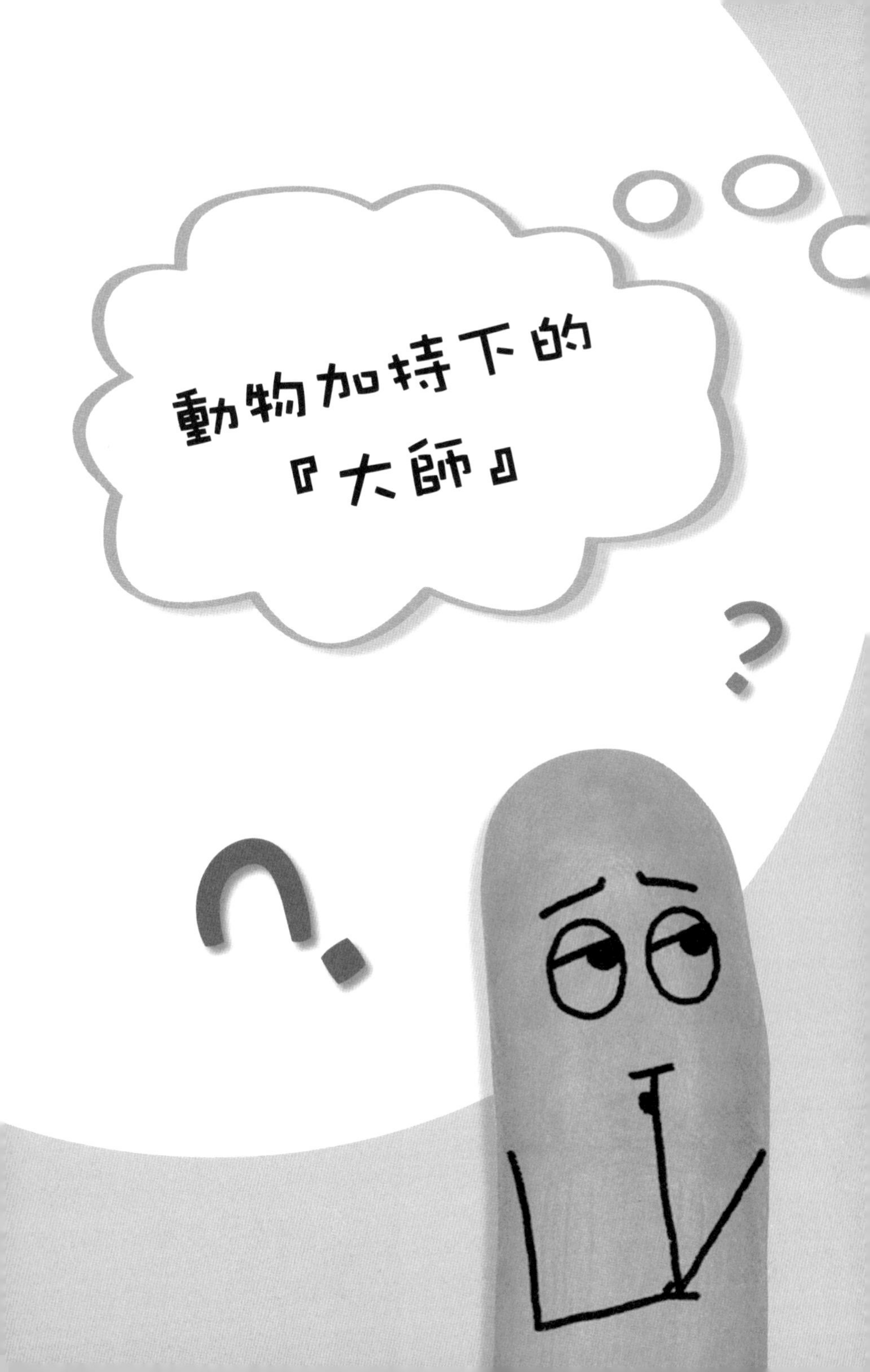
動物加持下的
『大師』

阿清女士等幾位熟人進山看祥翁，帶來一位新朋友，阿清對祥翁介紹說：「這是阿靈大師，聽說我們進山看您，很感興趣，也一塊兒來了。」祥翁微笑著合掌致意，對方則抱拳還禮。

阿清又進一步介紹說：「阿靈大師有功能，對風水很在行，精於八卦。」

祥翁又合合掌說：「失敬，失敬。」

阿靈又拱拱手還禮說：「慚愧，慚愧，我向祥翁學習討教來了。」

祥翁說：「我老頭子什麼本事也沒有，只能在這山村裡呆著，喘氣而已。」

如今「大師」多，很多很多，就像學校裡的博士和商場的董事長一樣多。祥翁知道，這是由於當今沒有大師的緣故。真出了大師，就沒有這麼多「大師」了。據祥翁所知，這些年來這裡做客的人中，就有不少在江湖

上一呼百應被稱為「大師」的。不過像阿靈這樣在祥翁面前被直呼為「大師」還能當仁不讓的還很少見。祥翁自己不是大師，也不崇拜什麼「大師」，因此「大師」們在祥翁這裡都呆不住。祥翁曾說過：「我這裡廟太小，盛不下大師，普通人只能接待普通人。」因此一般被稱為大師的人，到祥翁這裡也都稱自己為普通人，有人兜裡本來裝著印著什麼大師什麼功法創始人名片的，一般也都不好意思掏出來了，更沒有人在祥翁這裡展示什麼功能神通之類。

阿清他們坐下來和祥翁聊天，阿靈閉目端坐，雙手放在膝蓋上，一副有道行的樣子。

過了一會兒，阿靈睜開眼問祥翁：「您這屋裡有靈物吧？」

祥翁說：「靈物？我不知道你指的是什麼？」

阿靈說：「有沒有特別有靈性的動物，比如千年的老龜之類。」

祥翁說：「你怎麼這樣講？」

阿靈說：「您這屋裡的場很好，特別有神力。」祥翁笑著回答說：「慘了，慘了，我好歹學佛有些年頭了，況且我這屋子分明供著佛像，卻要靠個動物加持，是不是也太可憐了，難道我們人還不如動物有靈性麼？」

聽了祥翁這話，大家都笑了。

其實阿清他們幾個人對什麼神通特異功能之類並不執著，凡是能和祥翁保持長期來往的人大都不執著這些東西，阿清肯帶阿靈來這裡自有她的用意。

祥翁心裡明白，他故意逗阿靈。他指著牆上掛的一張照片，照片上祥翁拿一本書，膝上蹲著一隻貓，祥翁指著書上的字，那貓正煞有介事地看著，好像真在讀書的樣子，很是聚精會神，誰見了誰樂。

祥翁說：「你看我這只貓會讀書，怎麼樣？靈不靈？」

阿靈說：「哎，真是的。」

祥翁又指著牆上掛的一塊小石頭給大家看，石頭的凹槽裡有一個小小的蜂窩，顯得玲瓏精緻。說來有意思，幾年前祥翁從山上揀來這塊小石頭，把石頭縫裡的土摳乾淨，覺得很好看，就用一根細線穿孔掛在牆上欣賞，結果不幾天飛來一隻黃蜂，整天在這小石頭上留戀不捨，後來竟在那個小凹槽裡造起窩來，祥翁還笑那黃蜂，說你倒是真有審美眼光，可這地兒太小了，怎麼夠你做房子呢？結果那黃蜂就造了個超小規模的窩，在這裡只培育了幾隻後代，想來這只蜂也算是蜂界的藝術家了。

祥翁對阿靈說：「你看我這件藝術品如何，這可是我和一隻黃蜂共同創作的，怎麼樣，這蜂靈不靈啊？」這下大家都驚歎了，「哇！真的不可思議呀！」

見大家興致勃勃，祥翁又指指另一個小掛件，這是一塊爛木頭，上邊有幾道地蝗蟲蝕咬出來的道道，顯得有造型，有構圖，很像一件人工雕造的藝術品，卻又比人造藝術品更富天趣，這是祥翁在自家院裡隨便撿到的，覺得有趣，就掛起來了。其實我們的老祖宗早就發現了這種天真爛漫的美，因此有句話叫「如蟲蝕木，偶爾成文」，在書畫界還有一個詞彙，就叫做「蟲蝕木」，形容用筆的一種很高境界，與「錐劃沙」和「折釵股」等形容詞並列。祥翁又指著這塊木頭逗大家說：「這個圖案是個小蟲子創作的，怎麼樣，靈不靈啊？」「哇！」大家一齊歡呼起來了。

阿靈真的很驚奇，他由衷讚歎道：「祥翁這裡的小動物都這麼有靈性，真讓人大開眼界。」祥翁說：「其實真的是萬物有靈，只是一般人視而不見罷了，這些小動物本來就有這個本事，它們只是一種本能的行為，無心的創作，當然，靈與靈之間確實有一種互相感應的關係，可以相互發

生一定的作用，這種作用也叫加持，通常是等級高的加持等級低的，因此說，是人加持動物，還是動物加持人，這個關係到彼此的發展趨向。」

「那麼這個特異功能到底是怎麼回事，祥翁您今天能給我們講一講麼？」阿清問道。祥翁知道阿清不是為自己問的，也就隨緣借題發揮地講開了。

祥翁說：「所謂特異功能，其實很平常，只是不同的功能作用罷了，實在不值得大驚小怪，更不值得追求。比如說，人能思考，能用文字傳達思想，別的動物沒有這個能力，對於別的動物來說，人的這種能力就是一種特異功能，如果一隻老鼠也有了這種能力，那在老鼠群裡，它就是超鼠，了不起了。再比如說一隻狗可以通過嗅覺，找到一個人走過的蹤跡，而人卻做不到，如果某個人的鼻子具備了狗鼻子的這種能力，那人們也會視之為特異功能了。

大家別笑，這沒有貶義，更不是罵人，咱只是講道理，再比如蝙蝠不靠眼睛，只是靠耳朵感應聲波就能辨別前邊的東西，在夜晚也能自在地飛行，沒有障礙，而人則做不到，如果某個人的耳朵具備了這個能力，那人們便會視之為特異功能了。在此為平常，在彼為特異，就這麼回事。因此說所謂特異者，未必說明其靈級或智慧高。即便一隻烏龜能跑過兔子，或一隻兔子能活過烏龜，這又有什麼了不起呢？只不過換了一下角色而已，並不說明它們已經超越動物界了，更不代表他們得道了。」

「特異功能高一點的也被稱為神通，其實神通並不神秘，一切生靈都具備精神，精神是有作用的，唯物主義者也承認，精神可以改變物質，物質可以改變精神，這種轉變也是一種神通作用。我們有時做夢，感應到某件事的發生，這是由於我們的心神跑出去了，和那件事物產生了交流，這就是一種神通現象；有時我們偶然想起或談到某個人，這個人忽然來了電

話、信件甚至直接來到面前，這也是一種神通，精神和精神之間能傳遞一種資訊波，可以互相被對方捕捉到。

更廣義一點說，我們寒天知冷，暑天知熱，傷病知痛，肚子空了知餓，這一切覺知的能力都是神通妙用，只是由於我們應用得太熟練便習以為常不以為奇而已。我們想離開這些現成的神通，轉而去求取另外一種能力，這又有什麼特別的意義呢？」

阿清說：「可我聽說有些人經過修煉真能達到一種點石成金，穿牆破壁一類的本事，難道這也沒有特別的價值麼？」

祥翁說：「那也沒什麼可大驚小怪和值得追求的，我曾讀過一段道家煉金術，說弄一點什麼普通物質，用某種法術，專注地凝想，甚至還要修積很多的福德功行，這樣經過很久的努力，最終真能轉化這種物質的性質，變成一塊黃金，但不可能大規模應用，而且經過一段時期後，這塊黃金還會還原為原來的物質。

我讀後發笑，這還是一種心外求法的執著，佛說萬法唯心造，一切由心想生，其實你只要真是一個具有大善行大福德的人，自然會招感到大福報，金銀珠寶真的會自然而然來到你身邊，不假外求。這種通過種種法術，種種造作和種種凝想把某種物質轉化成寶貝的作法，那只是一種欲求妄想力，這種妄想當然也有一定作用，可那太得不償失了，與其費那麼多心思，出那麼多力，得那麼一點效果，還真不如去經商或出力打工賺取來得容易。如果用那麼多功夫去念佛，那肯定成了。以貪求心，所得心，執著心求取，只能偶爾得點小福小利小功能，真正的大福大利大功能恰恰是由於無我無欲無求無執的大善大行感召到的。」

「再說那穿牆破壁，其實也不是什麼大不了的事情，佛說『空不異色，色不異空，空即是色，色即是空』，事實上我們周圍所見到的一切，都只是幻覺幻現，我們這個身體也是幻覺幻現，只是由於我們的眼耳鼻舌身意六根作用，相互交織，才形成種種現象，我們對這種種現象堅執為有，堅信不疑，因此就無法化空，無法穿越了。這就像我們做夢，夢中也有一堵牆，也有一個我，其實只是一種幻覺，並非實有，可夢中的我們卻不識真相，以為這堵牆是真的，這個我也是真的，因而也穿不過那堵牆，對不對啊？

夢中如此，我們眼下也是夢，誰知道啊？三界都是夢，一切現象界都是夢，本來無一物嘛！凡夫沒有覺醒，因而不知，佛是覺醒了的，佛知道真相，我們凡夫如果真正覺醒了這個，證明瞭這個，我們當下也是佛。佛都給我們說清楚了，我們也都好像聽明白了，可我們沒有證到，在我們眼裡，這牆還是牆，這我還是我，沒法超越，也沒法消滅，因此我們還有疑，有惑，因此我們還只能算凡夫。

可儘管我們是凡夫，在某種特殊的情況下，例如閉關、打坐、經行等，由於精誠專注，以至於忽然忘我忘境，忘失了能所，再一生起念頭，竟然發現自己身在別處，這也是可能的。如果我們由此覺悟，生起了智慧，從而知道了萬有非有，萬法皆空，空中妙有，空有不二的實相道理，不以為奇，不以為怪，也不以為自己成了聖人，人我心去，聖凡等一，那便是真覺悟，是可喜可賀的事情。可一般人心有所求，心有所得，心有所執，他一旦得到一兩次這種境界，並不以此契機覺察實相，卻對此境界產生了執著，由境生喜，由喜生狂，逢人便道自己如何得了功能，得了神通，甚至以為自己已經得道證果，從此成了聖人了，不僅人我之心沒去，反而更加我慢貢高，自封上師，廣攝徒眾，以救世者自居，稱佛稱聖，說相似法，不僅不能教人覺悟生命實相，反而把人們導向迷信的泥坑，這就太麻煩了，會造成無間地獄之深重罪業的。

《楞嚴經》中不是說了嗎，在修禪定過程中，出現的許多不可思議的境界和覺受，不應執著，若不作證聖想，則是善境界，若對此執著了，以為自己得道成聖了，那就著魔了，無證言證，無得言得，大妄語成，墮無間地獄。因此我們學佛，一定要發心純正，不可貪求神通特異功能，不要妄想成為超人，否則成佛無望，成魔有份，求升反墮，豈不可憐？」

稍停片刻，祥翁又強調道：「我們學佛修道，要的是智慧成就，要的是覺悟生命的實相，也就是了生死，出離輪回。神通功能是聖末邊事，與解脫並無直接關係，萬萬不可貪求，即使你有一定福報，神通功能如孫悟空，飛升天界，也無非是個養馬的，有什麼值得自豪？即使你比孫悟空品位還高，上品上仙，天堂瑤台自由往來，也無非是虛空中的一個分子，一個過客而已，福報享盡之時，還會墮落，天蓬元帥，墮為豬身，捲廉大將，墮為河怪，再遇明師，重新修行，這還算非常幸運的，這還是由於久遠世種下了成佛的種子，若沒有這個成佛種子，累功積德打坐練功，只為求功能，求福報，求神通，即使有點成果，也是有限，福報享盡，便直墮三途惡道而去，萬劫難複矣！」

阿清又問：「聽說不光佛菩薩、天人和神仙神通廣大，鬼的神通也不小，甚至連許多動物也有神通，怎麼單單我們人類卻很少有神通呢？」

祥翁說：「此話差矣，廣義的神通一切生靈都有的，我前面說了，一切生靈能思能動，能成長，這都是神通景象，一切現象都是佛性的作用，當然都是神通啦，一切眾生都有佛性嘛！只是由於智慧的高低，各自受用不同罷了。佛菩薩、天人和神仙各自根據自己的不同證量，而呈現神通的不同量級，有無限神通與有限神通的差別，有徹底自在的和比較自在的差別，而鬼和動物的所謂神通比較低級，百苦交集並不得自在，不能自主，故而不能算神通，只能算鬼通魔通妖通，若說是神通的話，地獄中的業障鬼也是很有神通的，你看在我們眼裡沒有地獄，它們竟然能由業力變現出一個地獄，鐵床銅柱油鍋刀山俱全，這不是大神通麼？

佛說萬法唯心，十法界都是由佛性變現出來的，各類眾生依據不同的業力和罪福而生活在不同的法界中，除了明心見性的佛菩薩能隨願力遊行於各法界之中以外，其它法界的眾生一般則只能依據自己的業氣和習性活在自己所屬的法界當中，對其它的法界則一無所見，即使偶爾看到別的法界事物，在它的眼裡也是不同的。這就是佛說的隨業發現。我們眼裡的水，在天人眼裡是琉璃，在餓鬼眼裡是濃血，這是福報業力不同的緣故，其實什麼都不是，本質上是空的，這個只有佛才能徹證徹見。」

「我們人類生活在人法界，我們眼裡看到的只是與我們常識相關的東西，在一些特殊的狀態時，我們也可以看到其它法界的一些景象，那是由於我們的狀態和那個法界相應了。有時候我們想求神異，和鬼神相應了，就看到一些鬼神往來；有時我們惡業現前，竟然生見地獄景象。這些都不假呀，你看有些精神病人，對空氣笑罵，我們覺得奇怪，不可理解，其實他們真的看到眼前有東西，那時他們不是活在我們這個人法界中。為什麼說是精神分裂症，他的精神受不住，跑出去了一部分，和鬼怪混到一起去了。有許多精神病人能說出一些相當靈驗的話，就是這個道理。因此說，我們千萬不要輕易迷信那些神神怪怪的功能神通之類，神通和神經病只是一紙之隔，真正的神通那是需要很大德行和福報的，福報德行不夠，你是很難見到真正的天堂和淨土景致的，也很難見到真正的佛菩薩形象的，《佛說阿彌陀經》中不是說嗎？「不可以少福德因緣得生彼國。」你如果貪嗔癡熾盛，口念佛號，心存顛倒妄想，即使見到某種神異，也不見得是佛國消息。

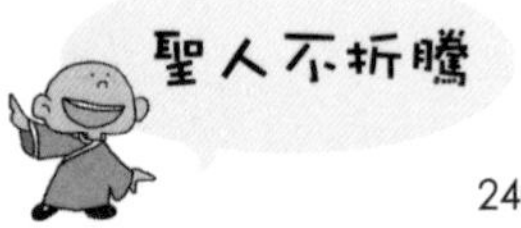

阿清說：「照祥翁這麼講，真正的佛菩薩形象難得一見，可社會上有許多人都宣稱自己在定中或夢中見到過佛菩薩，有的還說得到過佛菩薩親口指點和授記，信誓旦旦稱所言不虛，這又是怎麼一回事呢？難道都是在撒謊麼？有些人並不像撒謊的樣子啊！」

祥翁說：「你聽到有幾位高僧大德講過這些呢？真正的高僧大德即使真正見到過瑞相，他也不會輕易講給凡俗之人聽的，一則是止謗，二則怕引起迷信，產生副作用。他們更不會輕泄天機，說什麼自己得什麼印證，得什麼授記，或說自己是什麼佛什麼仙投胎再來的。你看看那些自稱見什麼聖境，得什麼授記親傳，是什麼人再來的，有幾個堂堂正正的像個大丈夫的？大多都灰頭土臉，神經兮兮，可憐兮兮，福淺命薄，家中往往災禍不斷，偶爾顯點神異，財源滾滾，眨眼間便財盡囊空，一貧如洗。這其中許多人也很善良，甚至非常善良，並沒有妖言惑眾的主觀動機，可是由於他們的愚昧迷信，崇異好奇，迷境著相，心外求法，因地不真，故而招惹鬼怪動物仙附體上身，被外物利用，任其擺佈捉弄，不能自主，結果成為妖魅幫兇，害己害人，實屬可憐！」

「至於普通人所見證的那些所謂佛菩薩顯相說法的境界，大多並非聖境，往往是魔怪變化惑人，你們看過《白蛇傳》吧，那個蛇精白素貞為了給心上人許仙樹立威信賺銀子，竟然變出觀音菩薩的形象在空中顯現，指點一個難產的婦人去找許仙接生，許仙不會接生，蛇精則讓他但去無妨，她在背後暗地用功相助，於是乎，許仙便有了所謂的特異功能，竟然莫名其妙地為人挽救了厄難，從而名聲大振。

此戲雖為神話傳奇，其中卻有一番道理，由此可見，那些本不知修煉為何物的芸芸百姓，竟然一夜之間有了自己也不知來路的特異功能，背後都有精怪指揮，那許多佛菩薩和神仙形象都是精怪妖邪所變，若當作真實，聽其調遣，必喪心淪墜無疑。真正的佛弟子，應信《金剛經》所說『凡所有相，皆為虛妄』，見善境界不生貪執愛染，見惡境界不生嗔恚恐懼，不取不舍，無掛無礙，方才與道相應。」

祥翁講到這裡停下來，大家都笑著點頭，深深會意的樣子，阿清看看阿靈，阿靈抬起頭對阿清笑笑。阿清又問祥翁：「可佛經中很多談到殊勝的神通境界，佛在很多講經的場合都是大顯神通的。」

祥翁說：「說不要執著神通並不是不承認神通，釋迦牟尼佛的確在很多場合都有神通示現，佛的那些神通一般人是不具備的，佛的神通是智慧道力的示現，既有事，又有理。而我們凡夫偶爾得一點境界，自己完全莫名其妙，既不知其然，更不知其所以然，一不小心，就成為修行的障礙，把自己導向茬路。

『神通的產生大致講來自六種力』，祥翁接著說，「第一種是道力，第二種是德力，第三種是福力，第四種是定力，第五種是法力，第六種是誠力。這是我的大致分法，大家不妨姑妄聽之，可信可不信，如果這些說法與佛經相違背，以佛經為准。」

「什麼是道力？一個真正得道的人，明心了，見性了，證到本來了，他就和萬法在一起了，他的心和萬法的本體同步共振，產生不可思議的作用，無心處用真心，心便能轉物，因為物就是心嘛！這是聖人，念頭一動，鬼神風從，放光動地，隱現自在，這種神通只有聖人才有。聖人也有果位的不同，因此神通的量級也不同。得到法身成就的就算聖人了，就具備了一定的道力，這時的神通還不太明顯，隨著報化身的逐步圓滿，神通力用也會逐步增強。一地菩薩二地菩薩直至等覺菩薩圓成究竟佛果，神通力用是有著巨大差異的，正所謂一地不知二地，二地不知三地。」

「什麼是德力？有的人雖未刻意學佛修道，然而他心地純正，德行高邁，說話辦事乃至每一個念頭都是善的，這樣的人也是會有神通的，這是為什麼呢？不是有句話麼？叫做「德高鬼神欽」，鬼神看我們，不是看到我們這個形體，而是看到我們的念頭，看到我們的思想，我們有善念，鬼神便見我們光明相好，善神們便會歡喜讚歎，幫助我們擺平很多事情，這就會產生神通作用。我們會覺得不可思議，念念但向善，好運不用求，心想事成，衣食寶物，不勞求取，應念自來，這都是鬼神在暗中幫忙。我們一般人善念少，惡念多，鬼神看我們陰暗醜陋，於是善神善鬼不喜見，卻常有惡鬼邪神相應，生活中時常弄出些麻煩。」

「什麼是福力呢？有人過去世行大善，如修菩薩行者，難行能行，難捨能捨，有求眼者，這人便挖出雙眼佈施送人，因而此生報得天眼通；有的鋸下雙腿佈施給需要腿的人，這人此生便報得神足通，這些神通生來便有，不假修行，乃福報所感。」

「什麼是定力呢？有人打坐修定，凝神專注，定力達到一定程度，其身心便不為這個世界的外物所障礙，產生神通作用，像前邊講的穿牆破壁就是這個道理，忘我忘身到極處，此身便沒有了阻礙，念頭偶爾一動，恍惚之間，忽然置身於千里之外。或者專注於某種觀想，在別人看來，這人忽然變成了這種被觀想的東西，就像《楞嚴經》中講到的一位菩薩，修定作水觀，其弟子從窗外看，屋裡全然是水。世間人精研某種事物，用心專注到極處，也有這種現象。」

「什麼是法力呢？有人精通法術，運用咒語或結壇結手印畫符並配合種種觀想，從而達到召請鬼神，役使鬼神的目的，通過鬼神的作用，造作出種種神奇不可思議的現象，這就屬於法力所致的神通。咒語是法界語，也就是一般人說的宇宙語，我們一般人不懂，可有些鬼神懂，它們多生多劫修這個。結壇城、結手印、觀想和畫符都是法界符號，能和鬼神進行交流。道家會搞這個，佛家的密宗也搞這個，通過這個可以悟道證道，可如果見地不明，又沒有上師指導，往往會本末倒置，把法術當成道，迷失自我，修道不成反障道，求升反墮，有時修法出錯，常常惹出大麻煩，精神失常甚至喪身失命。比如說你招請鬼神來吃飯，你念咒把人家請來了，卻又不會念變食的咒語，或者念頭不正，變現出一些汙穢惡濁之物招待人家，你想那會怎麼樣？它們不是會生惱怒整你嗎？」

「那麼什麼是至誠力呢？有些人很平凡，既沒有得道成聖，又沒有什麼智慧福報，也不會什麼禪定和法力之類，他只有一種堅信不疑的至誠，至誠懺悔，至誠發願，至誠禮拜，至誠念佛，至誠誦經，也是可以感應到不可思議神通境界的，有見聖像、見淨土聖境的，有感得天降舍利的，有感得放光動地的。不僅佛門道門有許多事例，即使儒家世間法中的二十四孝，也有些這種神異的記載，如王祥臥冰求鯉等，都是至誠感通的例子，《素書》中有言，『神莫神於至誠』，一切神通感應，至誠是基礎，其實前面說的五種神通來源也都離不開至誠力。」

「以上說的這六種力量取得的神奇作用，儘管層次有高低之別，有究竟非究竟之別，有修通報通感通之別，畢竟都算是神通，有其激勵道心，啟發智慧甚至成就某項事業的作用，只要能正確對待，不貪不執，都不失為一種殊勝。而先前所講的那些尋奇覓怪，貪功著相，盲修亂求所感召的所謂特異功能之類，並不屬於這六類，那些都是貪求心、執著心、邪偽心招來的妖魔鬼怪附體，根本不是神通，無法提升人生境界，只能導致墮落。

這些人活著時就顛顛倒倒，迷迷糊糊，和怪力亂神糾結不清，死後必墮三途異類無疑。你們不要以為我說的太嚴重了，真是這麼嚴重的。佛門有個公案，說有個老狐狸化身為一個老人，請教百丈禪師，問大修行人還落因果否？禪師說『不昧因果』，那老者方才覺悟，並告訴禪師說自己曾是一位禪師，有人問他這個問題時，他答說『不落因果』，一字之差，死後即墮五百世野狐身。這就是野狐禪的由來，有名有姓，鐵案昭昭。你們看，一個有名的禪師一字之差便遭此淪墜惡報，我們如今那些招搖過市的特異功能「大師」，他們的智慧見地，又有幾個能夠得上那只野狐狸的水準層次呢？其身後去處不是顯而易見麼？」

祥翁說了上述這麼多話，阿清他們幾個人都十分震撼，最受震撼的還是那位阿靈。祥翁故意若無其事地侃侃而談，一邊用眼角的餘光觀察著阿靈，看得出他神情很不自在，想聽下去又有些驚恐的樣子。事實上這位能堅持聽完祥翁的話就已經算是奇跡了，以往這類人只要聽了祥翁這種有關說法，聽不了一會兒就找理由逃之夭夭了。正因為阿靈能夠聽完了祥翁的這些話，祥翁便覺得他還有希望，能夠轉化。當然祥翁也深知這種人轉化起來畢竟很困難，需要相當長的時間，還要經過若干個來回。當代的體光老和尚曾講過，屠夫能度，外道難度，外道之所以難度，就是由於他們有許多神通呀功能呀這些雜七雜八的東西放不下，這些東西不放下，想真正修行上路是很難的。

臨行時阿靈深深向祥翁合掌鞠躬，看得出來他的恭敬心生起來了，他表示十分感謝祥翁的點化，說聽祥翁一番話，勝讀十年書。

客人們走後，祥翁在佛前上了一炷香，祝諸有緣早得佛果，尤其希望阿靈儘快走出修行的誤區。同時祥翁也沒忘記了檢點自己，別光替別人操心，自己的見地是否有偏差？自己的這些說法是否如法呢？

放下什麼

學佛的人都愛講放下，因為佛讓我們放下，歷代大德祖師也讓我們放下。究竟要放下什麼呢？統而言之，就是放下自我，放下心，放下執著。我們之所以是凡夫，我們之所以有煩惱，就是我們有個自我在那裡端著，有個心在那裡懸著，於是產生了種種執著。如果我們有一天真正地看破了自我的虛妄不實，認識了心性也是假名安立，我們自然就沒有什麼可端，沒有什麼可懸，也沒有什麼可執了，我們的生命就解脫了。

心由妄想而生，無妄想則無心；自我因心而有，無心則無我。有了個自我，我們就複雜了，麻煩了，亂套了。自我能派生出很多東西。有我就有人，於是便有了種種矛盾，種種紛爭。有了自我，心便有個附著之處，這個虛妄的心一旦和虛妄的自我糾纏到一起，就會派生出千千萬萬的虛妄心來，什麼貪愛心、嗔恨心、嫉妒心、好勝心、好奇心、功利心、計較心……等等，不一而足。其實這些千差萬別的心，只是些虛妄的念頭而已，每個念頭都是一個心，正所謂起心動念。起心就是動念，動念就是起心。按說起心動念並沒有什麼不好，這是我們自性的神通作用，隨起隨滅，了不可得，可我們偏偏又生出了一個執著心，這個執著心很麻煩，起什麼執著什麼，見什麼執著什麼，執美執醜，執是執非，執高執低，執人執我，由執著而生分別，由分別而生欣厭，由欣厭而生取捨，結果取之不得，捨之不去，於是便橫生出諸多煩惱。

佛之所以是覺者，就是覺悟了心的虛妄，覺悟了自我的虛妄，他老人家看到我們眾生愚迷不覺，煩惱熾盛，便生出大慈悲，不厭其煩為我們說破，讓我們放下。放下自我，便認識了真我；放下了妄心，便證到了真心；放下了執著，就得到了解脫。

可憐可悲的是我們智慧暗昧，還有個有所得之心放不下，佛說個真我，我們就想得個真我；佛說個真心，我們就要得個真心；佛說個解脫，我們就要得個解脫，我們以為真我、真心和解脫是一種什麼實在的東西，可以被我得到，被我擁有，這還是一個執著，一個天大的執著。

法本無法，佛本非佛，因病與藥，以楔出楔而已，因迷而說悟，因妄而說真。不迷了，就把悟放下；妄消了，就把真放下。無奈一般學人，執著成性，頭上安頭，妄上加妄，說悟執悟，說真執真，說佛執佛，說法執法，結果不但該放下的放不下，反而又端起了一些叫悟叫真叫佛叫法的東西，這下可好了，原來只是為錢煩惱，為情煩惱，學佛了，又生出了更大的煩惱，為成不了佛煩惱。更有甚者，該放的一件也不放下，不該放下的全部放下了，放下了責任，放下了義務，父母公婆老病無依，放下不管了，我要學佛；孩子嗷嗷待哺，放下不管了，我要修行；老公下班回家，又累又疲，放下不管了，你自己照顧自己吧，我要打坐；上班工作也心不在焉，曠工缺勤，丟三拉四；對同事也漠不關心了，對朋友也疏遠了。這

就難免引起周圍人的嫌棄、抱怨甚至反感。面對這些嫌棄和反感，他們也不懂得反省，你不是嫌棄嗎？抱怨嗎？反感嗎？那你們就是障礙我學佛的魔，我要和你們決裂，於是妻離子散了，工作也丟了，生活一團糟。許多人看到一些學佛人這個樣子，就只好對佛法敬而遠之了。這哪裡是學佛，這分明是謗佛毀法嘛！這種人不僅執著，而且極端偏執，麻煩得很，正所謂俗病易醫，佛病難醫；情執易除，法執難除，悲哉悲哉！

放下吧！放下假我，就是真我；放下妄心，就是真心；放下執著，就是解脫。最後你還有一個放下要放下。你沒什麼可放下了，你就是真放下了；你了不可得了，你就得了；你不求成了，你就成了。

該幹什麼幹什麼，只是莫執著。

朋友，你放下了沒有？

國家圖書館出版品預行編目（CIP）資料

煩惱是我的老師 ： 十七則小故事讓你學會
放下的技巧 / 趙文竹著. -- 初版. --
新北市 ： 大喜文化, 2015.09
面； 公分. --（喚起 ； 12）
ISBN 978-986-91987-8-3(平裝)
1.人生哲學 2.通俗作品
191.9　　104017107

喚起12

煩惱是我的老師 ： 十七則小故事讓你學會放下的技巧

作　　者：趙文竹
編　　輯：蔡昇峰
出 版 者：大喜文化有限公司
發 行 人：梁崇明
登記證政院新聞局局版台業字第 244 號
P.O.BOX ：中和市郵政第 2-193 號信箱
發 行 處：23556 新北市中和區板南路 498 號 7 樓之 2
電　　話：02-2223-1391
傳　　真：02-2223-1077
E-mail：joy131499@gmail.com
銀行匯款：銀行代號：050，帳號：002-120-348-27
臺灣企銀，帳戶：大喜文化有限公司
劃撥帳號 5023-2915，帳戶：大喜文化有限公司
總經銷商：聯合發行股份有限公司
地　　址：231 新北市新店區寶橋路 235 巷 6 弄 6 號 2 樓
電　　話：(02)2917-8022
傳　　真：(02)2915-6275
初　　版：中華民國 104 年 9 月
流 通 費：280 元
網　　址：www.facebook.com/joy131499

ISBN 978-986-91987-8-3